U0098556

從
愛迪生
到iPod

保護你的創意並從而致富

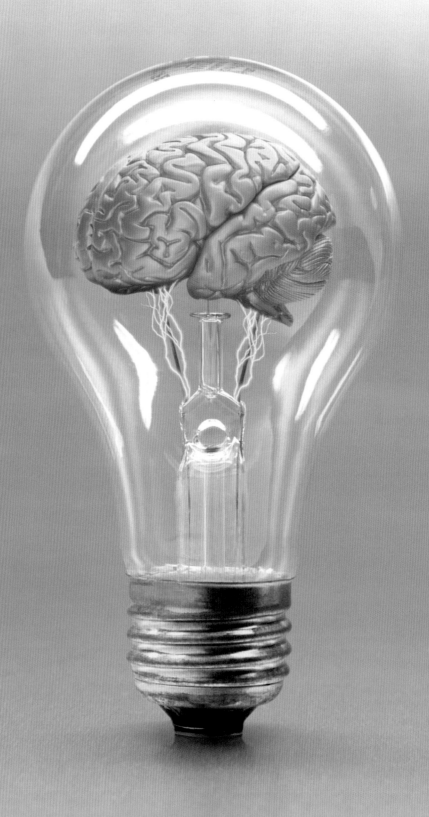

從
愛迪生
到 iPod
保護你的創意並從而致富

Frederick Mostert 著

李光燾 編譯

國家圖書館出版品預行編目資料

從愛迪生到iPod / Frederick Mostert著;李光燾編譯.－
－初版一刷.－－臺北市：三民，2009
面；　　公分.－－(理律法律叢書)

ISBN 978－957－14－5130－5　（精裝）

1.智慧財產權

553.4　　　　　　　　　　　　　　　　97022961

© 　從愛迪生到iPod

著 作 人	Frederick Mostert
編 譯 者	李光燾
責任編輯	高于婷
美術設計	郭雅萍
發 行 人	劉振強
發 行 所	三民書局股份有限公司
	地址　臺北市復興北路386號
	電話　(02)25006600
	郵撥帳號　0009998－5
門 市 部	(復北店)臺北市復興北路386號
	(重南店)臺北市重慶南路一段61號
出版日期	初版一刷　2009年1月
編　　號	S 585821

行政院新聞局登記證局版臺業字第○二○○號

有著作權‧不准侵害

ISBN　978-957-14-5130-5　（精裝）

Original Title: From Edison to iPod
Copyright © 2007 by Dorling Kindersley Limited
Text Copyright © 2007 by Frederick Mostert
Chinese Language Edition Translator/Adaptor: Kwan-Tao Li
Chinese Translation Copyright © 2009 Kwan-Tao Li

http://www.sanmin.com.tw　三民網路書店
※本書如有缺頁、破損或裝訂錯誤，請寄回本公司更換。

免責聲明

　　本書內容僅供社會大眾作為與智慧財產權相關議題之一般資訊來源。就法律事務之處理，不論是印刷或電子形式的出版物，都不能取代專家依據對事實及適用法律通盤理解研判後所提出的專業處理建議。雖然作者及編譯者已盡相當努力以確保書中資訊之正確性，本書內容仍僅屬初步入門參考，不得在缺乏專業建議下，作為商業決策之基礎。在此要再次強調，智慧財產權法令各國皆異，在某些國家甚至會因法院管轄區不同而對相關議題有不同解釋。在本書中，我們也多次建議應尋求法律專家協助的特殊情況。本書中的例子及參考資料，僅供入門教育目的，並不代表出版商、作者或編譯者對其有效性或執行性的判斷。

符號說明

 警惕提示　　　　　　　　 好消息

 定義說明　　　　　　　　 向律師諮詢

拆穿迷思　　　　　　　　 有用的資源

法律檢驗　　　　　　　　 特別注意

範　例　　　　　　　　　 與臺灣法規相關的說明

作者序

　　若沒有多位參與者的鼎力相助，本書的出版不可能實現。我在此由衷感謝那些曾經提供建議與評論的朋友以及工作伙伴們。本書若有任何不盡之處，理所當然由我負責。

　　我要特別感謝一位多年的好友及前工作伙伴——Larry Apolzon，他的無盡熱忱以及永不言累的奉獻，總使我感動無語。要感謝 Johann Rupert，總是不斷的給我鼓勵以及本書的靈感啟發，並支持我所有的開創性作為。同時要感謝 Helen Newman、Elizabeth May、Gir Choksi、Sheila Henderson 與 Susan Douglas，這些朋友提供了有洞察力的建議，及許許多多長達數小時的愉快談話。此外，還要深深感謝 Yves Istel 以及 Kathleen Begala 對本書的貢獻。

　　一份最特別的感謝要給擁有如老鷹般銳利眼光的出版人——Jackie Douglas、本書的編輯——Elizabeth Watson，以及在 Dorling Kindersley 的其他團隊成員，感謝他們的耐心、對細微處的特別注意，以及對本書的無上貢獻。

　　最後，我要對我欽慕的繆斯女神——我的妻子 Natasha，致上我全心的感激之情。

Frederick Mostert

編譯者序

　　近年來媒體報導多件科技大廠互相控告智慧財產權侵權案，並要求巨額賠償金，引起社會大眾注意到智慧財產權在商業世界的重要性。

　　《從愛迪生到iPod》不是智慧財產權教科書，它僅提供讀者智慧財產的基本概念。人的智慧是長期集體累積的，不僅包含了理智思考、科技研發，也奠基於感情與美學，沒有米開蘭基羅與愛迪生，就不會有今天的iPod。然而自保護創作者的觀點而言，智慧財產制度不僅有其必要，且須隨著世界政治、經濟與科技的演變而與時俱進。本人長期在智慧財產專業領域服務，希望藉由本書收集的資訊，引導從未接觸這議題的朋友們能趣味盎然地認識智慧財產的內容及保障權利的方式。

　　本書係英文原著 *From Edison to iPod* 的繁體中文版，原著作者 Mr. Frederick Mostert 現擔任擁有世界名牌 Cartier、Montblanc 及 Chloe 等 Richemont 集團智慧財產權法務長。他曾擔任國際商標代理人協會 (International Trademark Association) 會長，在國際智財界中頗富盛名。Mr. Mostert 係英國律師，原著內容原則上以簡易解說方式介紹入門的基本概念，但部分說明或舉例仍以英美法系為基準。本編譯文就臺灣的適用部分需要特別說明者，另加註闡釋並標示之；如與臺灣適用不同且會導致讀者混淆者，則略為刪改。

　　本書得以付梓出版，感謝同仁好友楊適賓先生、林宗宏先生及丁靜玟小姐提供寶貴專業意見，李永芬小姐協助出版事宜，以及魯肇嵐小姐、林錦燕小姐、楊美珠小姐文書工作的熱心支援。

李光壹

2009 年 1 月

　　Frederick Mostert 是旗下擁有卡地亞 (Cartier)、萬寶龍 (Montblanc)、以及 Chloe 等知名品牌 Richemont 集團的智慧財產權法務長。曾擔任國際商標代理人協會 (International Trademark Association) 的會長，同時也是北京大學客座教授。他是英國律師，也是美國紐約州律師公會 (New York State Bar) 的會員，曾在 Shearman & Sterling 及 Fross Zelnick 二大美國事務所執業。著有《馳名和著名商標：一種國際分析》(Famous and Well-Known Marks —An International Analysis)。該著作在智慧財產權領域中廣泛使用，並在英國高等法院及美國聯邦法院的判例中被多次引用。他曾以「智慧財產管理最佳成就」(Best Achievement in Intellectual Property Management) 項目，獲得歐洲世界領袖獎 (World Leaders' European Award)。

　　他是世界智慧財產權組織 (World Intellectual Property Organization) 網域名稱程序 (Internet Domain Name Process) 專家顧問團成員，並擔任包括麥卡錫研究中心智慧財產權與科技法 (The McCarthy Institute for Intellectual Property and Technology Law) 及非營利機構英國 Walpole 集團 (British Walpole Group) 的智慧財產委員會 (Intellectual Property Committee) 顧問。Mr. Mostert 曾經為設計師、主廚、健身教練、歌劇演員、電腦科學家、建築師、企業財經專員、醫師以及銀行家等，免費提供專業服務，也曾為知名人士與公眾人物如南非的曼德拉總統、影星席維斯史特龍、德國網球好手貝克、英倫時裝設計師 Stella McCartney 及少林和尚提供諮詢意見。

　　在法律領域外，他為公益慈善機構如紐約的藝術科學研究實驗室 (The Art Science Research Laboratory)，以及香港的萬世師表基金會 (The Teacher of Ten Thousand Generations Foundation) 擔任顧問，免費提供專業服務。

Mr. Mostert 生命中最熱愛的是美食，他是英國美食學院 (British Academy of Gastronomes) 以及美食之友 (Les Amis Gourmets) 的會員，目前亦為英國巧克力名店 Sir Hans Sloane Chocolate & Champagne House 的董事長，同時也化身為一位美食評論家。為了實行他不斷宣揚的美食理念，他為自己的筆名提出了商標申請：松露達人 (The Truffleman)。

編譯者介紹

▍李光燾

學歷／

國立臺灣大學法學士

美國紐約大學法研所碩士

美國西北大學凱洛管理學院 / 香港科技大學企業管理碩士

經歷／

美國紐約州律師

曾任教於中國文化大學、國立臺灣科技大學、東吳大學法研所、東吳大學及輔仁大學

現職／

理律法律事務所首席資深顧問、財團法人理律文教基金會董事長、財團法人徐元智先生醫藥基金會董事、財團法人嚴慶齡醫學基金會董事、財團法人徐有庠先生紀念基金會董事、亞洲水泥股份有限公司董事、台元紡織股份有限公司董事、遠東紡織股份有限公司董事、裕隆日產汽車股份有限公司監察人

目　次

你也可以在以下網站取得更多本書資訊：www.fromedisontoipod.com

導　論

　　智慧財產權已經成為人們日常生活中隨時都可接觸到的議題。從公司董事會到網路聊天室，甚至是媒體的八卦專欄中，智慧財產權都是熱門話題。但是，到底智慧財產權是什麼？對你會產生什麼影響？如果將這問題想得嚴重一些，這不正是你的律師們應該替你注意的事嗎？或者，你也可以簡單下個結論，因為自己既沒有智慧，也沒有財產，因此智慧財產權這件事根本與你一點關係也沒有。

　　事實上瞭解智慧財產權是件很重要的事！它能幫助你保護一項偉大的發明，將其轉化成有價值的資產，並經由開發、授權或銷售產生經濟利益。倘若對智慧財產權不瞭解，你將會在不知不覺中放棄自己的發明。採取一些保護措施，可以幫助你建立成功的事業；但如錯失成功機會，將會產生全然不同的結果。當你對智慧財產權有了全面性的瞭解，它會成為對你個人及事業都很有用的工具，而且是一項你能有效利用的珍貴資源。

　　如果你是像設計師、藝術家、音樂家、有獨特想法的企業家、行銷達人這一類有創意的人，或是經常接觸到新創意提案的投資人，這本書將是一本有用的教戰手冊。

　　網際網路與新技術的發達，使得我們這一世代能即時接收到無止盡的資訊。企業規模的縮減促使許多個人企業家及專業顧問必須自行創業，而全球化經濟也必須擁有知識與工具以維持競爭力。由於文化及商業環境已

經發展到一定的程度，促使許多有世故經驗的人意識到自己的發明具有轉變為有價值智慧財產的條件。然而，你也許並不確定自己要如何保護這些權利。發明專利與新式樣專利有何不同？商標與著作權有何差異？營業秘密是什麼？其與營業名稱的不同點在哪裡？網域名稱又是怎麼回事呢？這些專業領域聽來似乎遙不可及，而你所能做的只是依循一幅模糊的陳舊地圖向前摸索自己的道路。但是當你全面性去接觸並瞭解這些智慧財產所涵蓋的不同領域時，你將能做出正確的商業決策，並將個人的創意發揮到極致。

自 1980 年代以來，作者已經見證人類對智慧財產的興趣與覺醒正在快速萌發。當在各種社交或家庭聚會場合中說明我們係從事法律工作時，會發覺人們的反應已經從鈍滯的眼神進展到就個人所面臨的特殊智慧財產問題提出詢問。時至今日，我們在社交場合中隨時被急於尋求有效捍衛自己新發明的人們圍繞，因而必須時時備妥紙筆以迎接挑戰，例如如何保護一種新創糕點的食譜、新的網頁設計、新型手鐲的設計創意或是一家餐廳的名稱不被剽竊。我們已經對各式各樣包括鐘錶與珠寶設計師、主廚、健身教練、餐館老闆、電腦科學家、時尚設計師、醫師、調香師、建築師、企業財經專家、交響樂團及企業家等在內的不同行業朋友提出建言。我們的工作除了照顧非營利組織與慈善機構外，並對社會知名人士或公眾人物提供諮詢。不論這些人士的興趣有多麼廣泛，他們都有一個共同點：具有開創性的精神。他們不只運用自己的想像力，同時也擁有高度熱忱及信心，並且以自己的創作為傲。這些人來找我們，是為了尋求正確的保障。對我們來說，處理智慧財產的樂趣在於工作對象是具有高度創意者，他們經常提出創造性的新觀念。因此我們經常面對先端智慧創意，而這些智慧結晶都可轉換為商業利益。

　　因為有這些需求，我們寫了這本實用的手冊為智慧財產權解開謎團。我們的目標是要解開這些神秘感，對於相關法令的形成與其複雜性做進一步解釋，並釐清法律名詞。本書列出各種可供選擇的智慧財產權形式，並試圖說明如何擬定策略及採取適當做法以保護你的創意。書中同時也提供了許多可行的方法，以及多年來在此領域中服務客戶所獲得的領悟。我們也將自己幻想為帶領你到智慧財產國度一遊的導遊。假設商標權、專利權、著作權、營業秘密等不同智慧財產權領域是不同的旅遊目的地，你仍然需要深入瞭解當地的風土民情才能真正認識一個旅遊地。若認為智慧財產權只不過是一些雜亂不相干的領域而對本書不屑一顧，將是一件令人惋惜的事。如同許多美好的旅遊經驗，第二次探訪會帶來更深的瞭解，因此我們建議讀者先完整翻閱這本書，看看有哪些說明可運用在你的日常商業行為中。其次，重新閱讀那些目前即將用得到的章節。最後再將其他章節也重新讀過，看看將來是否可用到。切記，每個案例都有它的獨特點，智慧財產權法處處充滿細微差異及例外規則。惟本書只是入門之用，我們謹再次重申：諮詢一位值得信賴且能在不同法律領域中提供建議的智慧財產權律師是非常重要的。

　　當你將專業技能與創造力相結合，創造出具有智慧價值的產品，將是一件偉大的成就。接下來，就讓我們來看看要如何妥善保護你的智慧結晶。

基礎入門

 黃金法則

以下兩項黃金法則可幫助你對智慧財產權有基本的瞭解。

➡ 法則一：取得時間上的優先，就是取得權利上的優先

不論是烏龜或兔子，先取得專利公告的就是贏家，此法則在童話故事與現實生活中都一樣準確。舉例來說，在過去水利法的準則就是：凡是第一個將河川水引流並利用的人，就取得優先使用該水流的權利。許多智慧財產權的案例，其內容重點是證明誰是第一個創造某項智慧財產權的人。

如果你是第一個提出某項發明的專利權申請人，不論是有獨特設計的安全瓶蓋封口或是有特殊設計的新式樣檯燈；第一個在自己的產品或服務項目使用超酷的名稱或標記作為品牌標識；第一個將在腦海中浮現的美麗文句寫成新曲，或使用原始碼自行開發新網頁，那麼你已經在保護自己創造的智慧財產中占到一個比較有利的位置，且足以贏得任何法律上的爭執。

本書將告訴你如何將實際可行的訣竅做最佳的運用，來爭取自己的權益。這些做法使你能輕易地證明你是第一個建立某項智慧財產權利的所有人。

➜ 法則二：光有創意是不被保護的

　　每個人都有創意跟夢想，但光是這樣並不能累積財富。當你有了一個好主意，要先去使用它並變成實品。成果也許是一幅畫、一部戲劇、一種在網路上使用借貸卡的改良方式、珠寶產品系列的新名稱或是手機的新設計。只有當你將腦中的想法付諸實現，才可算是「發明」，並且受到智慧財產權的保護。

為什麼要保護智慧財產權?

　　本書並不企圖解釋智慧財產權的由來及其歷史演進，當然這些議題本身也很有趣，而且你也會想涉獵更多有關的資訊，但本書的目的在於讓你專注於如何保護自己的創意。首先必須簡單說明，智慧財產權發展的主要動力是因為社會要獎勵那些有創意並能提出新發明的人們。雖然我們所處的社會或許具有偉大的人文主義色彩，但這並不是主要的原因，智慧財產

權發展是來自於經濟考量。在夜晚使用蠟燭或煤油燈照明，聽起來很優雅，但卻容易引起火災，若非有浪漫的效果，這種做法其實很沒效率。所以，愛迪生這號人物就此出現，後來持續演進的過程，相信大家也都耳熟能詳。社會除了要獎勵那些可以取得專利權的發明外，也提供作家跟視覺藝術家們享有著作權的保護，使他們可以收取創作品的權利金，商業領域中的新式樣專利也以相同的方式運作。新式樣專利權可以用來保障發明人對市場調查及產品研究的心血結晶，創意者能在找出特殊的利基點後，實行專屬權取得商業利益。商標權在社會利益基礎上亦受到保障。此外社會利益尚需考量到消費者保護，以免仿冒者或侵權者以不正當使用權利人名稱及商譽的詐騙或誤導方式，在市場交易上侵害到消費者利益。絕大部分的智慧財產權法是依據這種激勵新創意的傳統信念所制訂出來，政府跟社會鼓勵人們要有創造性，獎勵並保護第一個提出創意的人。智慧財產權之所以受到保護，其前提是人類社會全體都會因這種科學性的發明或個人的獨特性藝術創作而受益。有創意的讀者們，應該要被激勵持續創作新產品，促使人類社群得享有更好的生活。

要達到這個目的最好的方法，就是授予這些創新發明的個人，在一定時間內對自己的創意擁有獨占專用的權利，每個人的發明，無論其內容或形式都應受保護。雖然商場鼓勵自由競爭，但前提是必須在公平下進行，因而法律設計保障個人的智慧財產，免於被肆無忌憚的競爭者所剽竊。舉例來說，品牌名稱可以透過商標權註冊來保護；進行網路交易所使用的電腦密碼授權程式，可以用專利權加以保障；私房食譜或點心配方，可以受到營業秘密法的庇護；新型香水瓶的獨特設計，是受到新式樣專利權的防護；網頁或雕塑的原創性設計，則受到著作權的保障。

➡智慧財產權的另一面

個人因自己創造性的工作成果得享有永久的權益，從基本的自然公平法則而言是個合理的結論，然而世界上如此黑白分明的事是少之又少。就像社會獎勵創意之同時，必須要為智慧財產權訂出一明確的界限，媒體在播報新聞時，亦需同時考慮到言論自由與人民知的權利這兩種面向，因此法律均會規定，任何專利發明最終都會免費提供公眾使用。身處在這個自由且充滿創意的社會中，我們需要鼓勵有創意的人，以促使新創作能更加蓬勃發展。而具有創造力的人們，能從既有的發明與藝術作品中獲得啟發，演進至更高的境界。像牛頓這樣的天才，也謙虛的承認：「我能看得遠些，是因為我站在巨人的肩上而已。」

創意會從過去的經驗、既有的發明或藝術作品中成長茁壯。也正是這種原動力，促使人類文明不斷向前邁進。事實上，當越來越多新概念被轉化成發明，將會激發出更多且無窮盡的新想法。我們也都見證到網路由一個簡單的溝通工具，發展成一個完整的生活與

商業媒介平臺。我們相信很多讀者都有很好的新想法，本書要帶你走進智慧財產權的世界，希望你在將自己想法演進為發明時，能清楚知道可以申請哪些智慧財產權，並如何取得保護。

商標權

◆定　義

　　商標指的是文字、設計圖形、記號或其他能清楚辨識並區別不同產品或服務的標識。商標使得製造者與消費者間能夠連結，並且幫助消費者清楚辨認各種不同的競爭品牌。商標在某種程度上代表了品質或定位（如 CARTIER 與 SWATCH 兩個手錶品牌之對照），同時也達到保護消費者免於被次級品欺騙或誤導的公共利益目的。

◆有效期間

　　使用中的商標，只要每 10 年延展一次，其專用權基本上是無限期的。法律對商標的保障來自於使用與否，因此商標若未使用，則將被撤銷。有些智慧財產權會因時效而消失，商標權卻能持續有效，因此往往成為最有價值的智慧財產權。

◀圖案 (logo) 商標

蘋果電腦公司「偶像」級的圖案是電腦科學與設計圖形兩者間高度和諧的象徵。這是全世界辨識度極高的標識之一，圖案本身的簡潔設計也強調了圖形質樸簡美的價值。

商標指的是文字、設計圖形、記號或其他能清楚辨識並區別不同產品或服務的標識。

Kodak

◀ 文字 (word) 商標

Kodak 這個字在西元 1888 年首次註冊為商標，是由喬治‧伊士曼（George Eastman, 柯達公司創辦人）「發明」的。他說：「這個名稱是我自己創造的，我很喜歡 K 這個字母，它傳達一種強而有力的感覺。試著從一大堆不同的字母組合中找出開頭與結尾都是 K 的字確實是個難題，"Kodak" 這個字就是最後的成果。」

▶ 圖案 (logo) 商標

這個圖案是在西元 1500 年左右，由明朝一位君主頒給少林寺和尚，它象徵了少林寺對中國道家思想、儒家思想及佛教的完美融合。之後，少林寺曾修改過古老的圖案，更能反映出它的歷史與傳統。圖案中那彷彿直視著你的人物，是代表佛教，而在圓圈左右兩邊對稱的兩個圖形，則代表儒家與道家思想。這個圖案只允許與少林寺有直接關係的人使用，是用商標來保護文化價值與傳統的一個有趣案例。

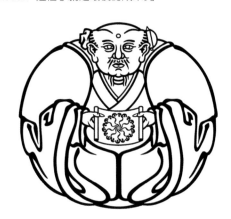

◀ 圖案 (logo) 商標

商標本身可能與使用它的產品間沒有任何邏輯上的關聯，但隨著使用時間的推進，兩者間會變得密切相關。企鵝 (Penguin) 這個圖案已經在國際間成為書本的代名詞。當人權鬥士韋特 (Terry Waite) 被當成人質囚禁在貝魯特時，他畫出一隻企鵝的圖像，看守他的士兵就瞭解到，他想要一些好的讀物。

法律對商標的保障來自於使用與否，因此，商標若未使用，則將被撤銷。

➡如何保護商標權？

＊透過對產品或服務的廣泛使用

＊慎重考慮到智慧財產局註冊登記

 在臺灣，商標權必須取得註冊。

➡訣　竅

＊選定一個強勢的標識

＊妥善保留該標識的使用記錄，尤其是第一次使用的日期

＊在申請註冊或使用前，先進行商標檢索

＊考慮將網域名稱或事業名稱當成商標

＊維護並保護你的商標權

＊在產品或服務上，使用 ® 作為已註冊的商標聲明，用 TM 作為未註冊的商標聲明

▲**圖案 (logo) 商標**

殼牌公司的 "Shell" 標誌，是在西元 1891 年由英國的馬可斯・薩繆爾 (Marcus Samuel) 兄弟，在從事倫敦到東亞的石油貿易時，首次用來作為商標。這家公司在最初的時候，是以賣骨董、珍玩以及東方貝殼起家。西元 1901 年，這個商標的第一個圖案是蛤貝，在西元 1904 年變更成扇貝，或稱為「海扇」(pecten)，該圖案從此就作為荷蘭皇家殼牌集團 (Royal Dutch-Shell Group) 的標誌。

➡範　例

生產番茄醬的亨氏 (HEINZ) 食品公司、蘋果電腦的 IPOD、電腦產品 LINUX 軟體、賓士汽車的星形標誌、可口可樂的曲線瓶、DHL 快遞、歌手羅比・威廉斯的名字、足球金童貝克漢的簽名、愛迪達 (ADIDAS) 的三條斜紋設計、法國凱歌香檳 (VEUVE CLICQUOT) 的亮黃色標籤等等。

組合型 (combination) 商標

亨氏 (HEINZ) 是一個典型的商標，由一個國際知名的名稱 "HEINZ" 及一個商標圖案組合而成。在美國，亨氏佐料以具有「57 種口味」聞名，在英國則是以模仿馬車鈴聲的 "Beanz Meanz Heinz" 打響名號。這家公司是由亨利・亨氏 (Henry John Heinz) 在西元 1869 年於美國賓州的夏普斯堡 (Sharpsburg) 成立，首項產品是加工過的佐料。西元 1876 年，他們開始生產舉世聞名的番茄醬。

米其林娃娃 (The Michelin Man)

必比登 (Bibendum)，或稱為米其林娃娃，從西元 1898 年以來就是這家法國輪胎公司的重要標誌。傳說中這個圖案的創造者——法國插畫家歐蓋洛普先生 (Mr. O'Galop)，是從堆成一疊的橡膠輪胎獲得靈感。米其林娃娃活潑而輕快向人打招呼的形象，使人感到他舒適的活力，該標誌一直都被用來當做行銷工具。在倫敦市徹西區 (Chelsea) 有幢象徵新藝術文藝運動的米其林大樓，裡面有間「必比登」餐廳，展現出米其林娃娃的活力精神。

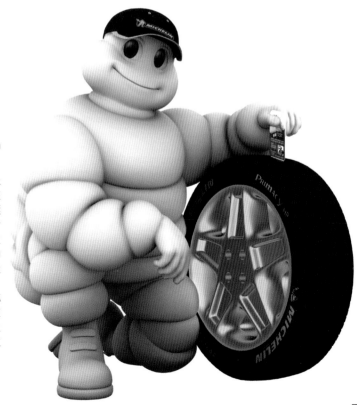

著作權

◆定　義

　　著作是以最廣義的方式涵蓋所有藝文與技藝作品。當你用自己的天賦寫下一則原創性的故事、一首詩、一篇文章、一首歌曲或是電腦軟體，你就擁有該創作品的著作權。然而為了取得被著作權保護的資格，作品必須在其他人能接觸到的媒介上發表——即唯有將個人的想法加以具體的表現出來，才有被保護的資格，因為存在腦海中的想法是不被保護的。與其他的財產權相同，著作權的所有人可以主張其人格權，這樣才能保障個人作品不被濫用，也確保個人努力成果不被剽竊。

◆有效期間

　　絕大部分作品著作權的有效期會延續到作者逝世後的 70 年。

　　T 在臺灣，著作權有效期是作者逝世後的 50 年。

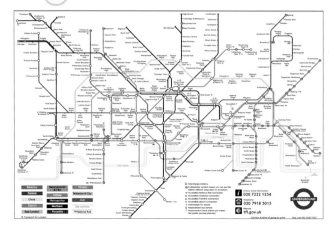

◀地　圖

西元 1933 年，英國地鐵圖的設計人哈利‧貝克 (Harry Beck) 說服倫敦交通局放棄傳統式的畫法，改以簡化的矩陣式地圖來取代。貝克是電子工程師，他利用簡單的水平和垂直線條，加上 45 度仰角，畫出了極方便使用的地鐵圖。這份對倫敦地鐵使用者很實用的工具，已經成為全世界交通地圖繪製的範本。

當你用自己的天賦寫下一則原創性的故事、一首詩、一篇文章、一首歌曲或是電腦軟體，你就擁有該創作品的著作權。

▲ 雕塑作品

由法國雕刻家羅丹 (Auguste Rodin) 所創作的《吻》(*Kiss*，西元 1901～1904 間創作)，在世界各地都儼然成為愛的同義詞。這件偉大的作品刻畫的是保羅與法蘭綺思卡 (Paulo Malatesta and Francesca da Rimini)。這對情侶被法蘭綺思卡憤怒的丈夫殺害，但因但丁的《神曲》(Dante's *Inferno*) 而名傳千古。

▲ 樂　譜

由散拍樂 (ragtime music) 之王喬布林 (Scott Joplin) 在 1902 年創作的〈娛樂者〉(*Entertainer*)，已成為英國 BBC 電視臺撞球錦標賽的同義詞。撞球冠軍史帝夫‧戴維斯 (Steve Davis) 在賽前會聆聽這散拍鋼琴曲，好讓自己進入比賽的情緒中。

▶ 繪　畫

蒙娜麗莎的微笑（*Mona Lisa*，於西元 1503～1506 年間創作）是全世界最為人所熟知的藝術品。達文西這幅舉世聞名的作品目前被保存在巴黎的羅浮宮。達文西本人十分喜愛這幅畫，據說他不論到哪裡都會隨身攜帶。

➡ 如何保護著作權？

＊在創作的同時，著作權就已經自然產生

T 在臺灣，著作人於創作時取得著作權，無須註冊登記。如因其他原因欲取得著作權的註冊，可以到美國著作權局 (US Copyright Office) 取得註冊。

➡ 訣　竅

＊在作品上簽名或蓋章，並加註日期，作為所有權的證明

＊取得公證人或公證單位對創作日期的確認

＊標示著作權聲明：如 © 2009，張三，著作權所有

▲ 刺　青

獨特的原創性刺青圖樣也可以主張著作權。但請注意，著作權屬於紋身的藝術家，而不是在身體上刺青的人！

➡ 範　例

如各類文獻、文學作品、電腦軟體與原始碼、視覺設計、各類圖樣、相片、珠寶設計、建築藍圖、網頁設計、電臺與電視傳播媒體、動畫（含DVD）、錄音帶（含 CD 及可供下載的音樂）、服飾設計、劇本、雕塑、在雜誌上發表的文章、期刊及工程設計圖等。

著作權的所有人可以主張其人格權，這樣才能保障個人的作品不被濫用，也確保個人努力成果不被剽竊。

▶ **精緻珠寶設計**

這件雅致的蛇形珠寶，就是一個可以受著作權保護的精美且獨特的珠寶設計範例。用著作權來保護這類立體設計，是建立個人智慧財產權寶庫的有效方式，防止便宜商品的不當競爭。

肖像權

在臺灣，另一種受到保護的權利稱為「肖像權」。肖像權係民法所保護的一般人格權，也保障社會知名人士或具「銷售力」個人的姓名、肖像、聲音與其他特徵。這種權利的有效期間始於出生，終於死亡。雖然肖像權在臺灣確實存在而且十分有用，但若個人有意要將自己的姓名、肖像或其他特質作為特定產品或服務的標識，可以考慮先進行商標權申請及網域註冊。尤其是在臺灣以外有些不承認肖像權的地區，取得商標權及網域名稱註冊，將是最佳做法。

新式樣專利權

➡定　義

　　新式樣專利權保障的是物品的平面或立體的外觀或裝飾性線條設計（指物品之形狀、花紋、色彩或將其結合，並透過視覺訴求之創作）。要符合新式樣專利權保護的要件是該物品必須有一個視覺足以辨識的特殊外觀，新式樣專利與物品本身的用途無關。

➡有效期間

　　未經註冊登記的新式樣專利權，在英國係於產品首次銷售後的 10 年內有效，但不得超過產品創作後 15 年。

T 在臺灣，新式樣專利除了靠其知名度依公平交易法取得保護外，未經註冊登記者並不受保護。取得註冊登記的新式樣專利權，自申請後 12 年內有效。

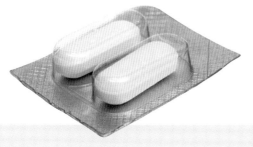

◀ 包裝設計

跟所有的包裝一樣，藥品所使用
的氣泡式包裝，是可取得新式樣
專利權保護的設計。因為設計有
不同形式，目前全世界已有數十
種包裝設計取得專利登記。

▶ 知名品牌手提包

Chloe 熱銷的 Silverado 包，其花色是設
計師在跳蚤市場購得的舊款手提包所啟
發，涵蓋女性的柔美感及 Chloe 品牌手提
包的傳統品味。這款手提包的設計過程頗
為特殊，由設計初稿到樣品定稿，只用了
一個月時間。

▼ 汽車設計

捷豹汽車 (1961) 的 E 系列，自量產以來一直被公認是最性感的跑車，也是該公司創辦人威廉
里昂斯爵士 (Sir William Lyons) 的無上光榮。跟它的姐妹款賽車捷豹 D 系列相較，E 系列車
款在法國勒芒 (Le Mans) 的 24 小時耐久賽中，取得 5 次勝利。它的曲線是由航空業專家馬爾
肯・賽耶 (Malcolm Sayer) 結合其藝術天分與對空氣動力學的專業所創造的智慧結晶。這款
車也是目前紐約現代藝術博物館唯一展示的汽車。

➡ 如何保護新式樣專利權？

＊未經登記註冊的新式樣專利權：在英國，於其作品創造時就自然存在

＊有些國家規定新式樣專利權須取得註冊登記，才能取得對該新式樣專
利的所有權

T 在臺灣，未經專利權登記的新式樣除了靠其知名度而依公平交易法取得保護外，並不
受專利法保護。

➡ 訣　竅

＊在作品上簽名或蓋章，並加註日期，作為所有權的證明

＊取得公證人或公證單位對創作日期的確認或聲明

＊在申請新式樣專利權前先調查
是否有類似設計，以避免付出
費用後仍無法取得註冊

＊在申請新式樣專利權前不要將
作品公開

◀ **電腦硬體**
西元 1998 年 iMac 上市時，它的特殊設計
使蘋果電腦的獲利在 5 個月內增加 2 倍，
並且是目前最突出的電腦設計。

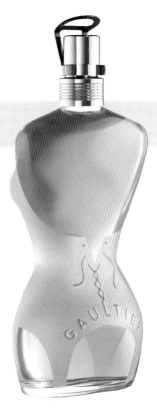

➡ 範　例

　　香水瓶的設計、雅致的項鍊、新車款的流線外型、產品的特殊包裝、英式麵包的造型、新款手提包的外型等。

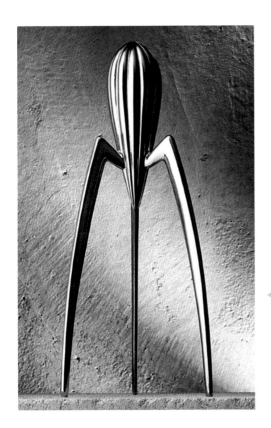

▲ 香水瓶

在香水國度中，此款由高堤耶 (Jean-Paul Gaultier) 設計的獨特瓶身，已經成為經典作品。在設計這項產品時，高堤耶是受到瑪丹娜將馬甲內衣外穿的啟發，並將瓶身玻璃作霧面處理。

◀ 產品設計

此款檸檬榨汁機是由法國設計大師菲力普・史塔克 (Philippe Starck) 在西元 1990 年所設計。值得注意的是，這項產品是以其設計感而非實用性聞名。這項產品也證明了一件事，即日常生活用品也可成為具有代表性設計的作品。

營業秘密

➡ 定　義

　　營業秘密泛指各種機密性的商業資訊，如配方、專業技術、電腦代碼、食譜及客戶與供應商名單。這些資訊需要長時間付出精力去開發，是非常有商業價值的。將這些資訊保密極為重要，否則公司的產品或服務將會失去競爭力。資訊若能被還原工程 (reverse engineering) 推衍出來，就不是營業秘密，所謂還原工程是指競爭對手經認真的分析，能夠發現產品的特殊成分、組成及各成分的比例。

➡ 有效期間

　　只要商業秘密未經公開或還原工程還原處理解除其機密性者，應永久有效。

◀ **電腦代碼**

各種電腦軟體，包括原始碼是受到營業秘密的保護，而非專利權。要將機器語言（object code, 能執行電腦指令 0 與 1 的序列）經過逆向組譯取得原始碼並不容易。選用專利權來保障軟體，通常須公開其電腦程式演算等精華內容，但援用營業秘密方式保護則不必做此項公開。因此，許多軟體開發者選擇營業秘密這個保護途徑。

營業秘密泛指各種機密性的商業資訊，這些資訊對商業團體而言是非常有價值的。

▲秘密配方

可口可樂的配方──Merchandise 7X, 可能是目前全世界最津津樂道的營業秘密之一。這個神秘配方是由美國喬治亞州的藥劑師約翰‧潘博頓 (John Pemberton) 在西元 1886 年所發明。可口可樂公司對此配方守口如瓶，人們咸信只有少數高階主管知道這個秘密配方。

資訊若是能夠被還原工程推衍出來，就不能算是營業秘密。

▶ **食譜秘方**

著名巧克力的秘方也能用營業秘密來保護。英國巧克力名店 Sir Hans Sloane Chocolate & Champagne House 的首席巧克力調製師麥克卡瑞克 (Bill McCarrick) 說過：「我最重要的巧克力新配方都要保密，並且當成營業秘密來保護。」

➡ **如何保護營業秘密？**

＊要嚴加保密

＊落實妥善的管理方法，以確保工

作場所的有效保全

➡ **訣　竅**

＊要求合夥人、承包商及員工簽署保密函，作為承諾保密的證據

➡ **範　例**

　　香水中各種香精的組成配方、巧克力的成分、產品生產銷售的專業知識、電視連續劇的企劃案、企業客戶名單、製造方式、行銷計畫、民意調查方法等均屬之。

▲食譜秘方

桑德斯上校在 1930 年代於美國肯德基州的科賓 (Corbin) 市路邊經營 Sanders Court & Café 餐館，用 11 種植物與香料，開發出獨特的肯德基炸雞配方。以往桑德斯上校都將秘方深存在腦海裡，並且把配方製成的香料粉放在車上。目前這個配方鎖在肯德基州路易斯維爾市 (Louisville) 某處的保險櫃，只有極少數人知道這份價值數十億美元的秘方，他們也都簽下了保密約定。

▶食譜秘方

這個配方是特殊的商業機密。一家藥房的合夥人——約翰・李與威廉・派林 (John Lea & William Perrins) 按照一位由印度孟加拉回來的桑地斯勳爵 (Lord Sandys) 所提供的秘方，調製出一種醬料，但醬料的口味令人失望，因此被擱置在地窖中，漸被遺忘。多年後，這種醬料被發現，出乎意料的，放置數年熟成後的醬料，已經發酵成驚人的美味品。他們兩位決定投資生產，並成為世界著名品牌。這份醬料的配方在過去 160 年都嚴加保密，世界上只有 3 到 4 個人知道調配李派林醬料特殊口感的神秘成分。

專利權

➡定　義

　　專利權能涵蓋任何發明，但多用在科學與技術的領域，它保護的是一種新發明的產品及其生產方式。將既有的發明為基礎加以延伸發展使該產品更好、更便宜、更簡單或是更好用，也可以申請專利權。專利權適用於生活中所見的成千上萬種產品與其生產程序，從維他命到平面電視、從汽車雨刷到心律調整器都可納入其範圍。

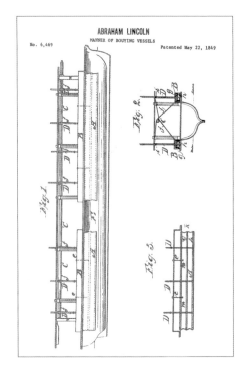

➡有效期間

　　自申請人向專利局提出專利權申請之日起 20 年內有效。

T 臺灣專利法規定，自申請人向智慧財產局提出發明專利申請之日起 20 年內有效。新型專利為 10 年，新式樣專利為 12 年。

◀ 亞伯拉罕・林肯

林肯是美國歷史上唯一擁有專利權的總統（美國專利字第 6,469 號）。他在西元 1849 年 5 月 22 日取得一種將小船抬離淺灘工具的發明專利。目前美國華盛頓特區著名的史密森博物館 (Smithsonian Institution) 還有展示縮小比例的模型。

▶ 潔美李‧寇帝斯

影星潔美李‧寇帝斯（曾與阿諾合演《魔鬼大帝——真實的謊言》）就擁有一項引以為傲的發明。她在西元 1988 年取得美國專利字第 4,753,647 號發明，該項產品是在嬰兒尿布上加放一個能擺清潔紙巾的防水口袋，既實用又有時尚感。

◀ 愛迪生發明電燈

燈泡是愛迪生最有名的發明之一，身為一個富有創造力的專利發明家，愛迪生一生取得約 1,100 項專利。

▶ 魔鬼氈 (VELCRO® fabric)

發明靈感也可能在蹓狗時出現。喬治‧邁斯楚 (George de Mestral) 帶著他的狗兒們在瑞士阿爾卑斯山區散步時，發現狗全身沾滿了芒刺。他仔細檢視後，發現這些芒刺上有鉤狀小齒，因此能夠緊緊吸附在狗毛上。邁斯楚受到啟發，發明了一種兩面都有小鉤環的黏固產品，並將 "velour"（絲絨）及 "crochet"（鉤針織品）兩字拼湊成 VELCRO 作為商標。這項專利於西元 1954 年由瑞士頒發。

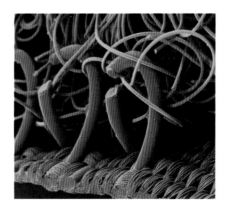

➡如何保護專利權?

　　＊向智慧財產局申請取得註冊

　　＊在申請專利權前不要將發明公開

➡訣　竅

　　＊儘早向智慧財產局申請註冊

　　＊正式申請前，要妥善保留相關記錄

　　＊申請前先進行專利檢索

　　＊專利權申請前要求合夥人、承包商以及員工
　　　簽署保密函

➡範　例

▲墨水筆

像筆這種日常生活中隨處可見的物品，常常是專利發明的表現舞臺。知名品牌像美國的派克 (Parker)、西華名筆 (Sheaffer) 及法國的華特曼 (Waterman)，在 19 世紀末到 20 世紀初期，因為對墨水筆造型、功能、生產方式的不斷創新發明，使其在專利史上留名。現代被簡稱為 "Biro" 的拋棄式原子筆，是由匈牙利人拜羅 (Laszlo Biro) 取得專利，後來將權利轉給法國比克 (BIC) 公司。

　　電話、燈泡、線上交易程序、藥物、電腦程式、原子筆、吸塵器、衝浪板、電腦滑鼠、鑽石的切割方法、人工心臟瓣膜、下載音樂方法、塑膠品等均涵蓋。奧多比公司 (Adobe) 的 Acrobat Reader 應用程式就至少包含了 40 種專利，而 Alta Vista 這家公司則擁有 50 件以上的搜尋引擎專利。

專利權保護的是一種新發明的產品及其生產方式。

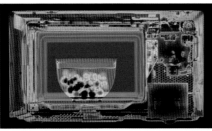

▲ 微波爐

微波爐的出現就跟許多其他發明一樣，都是個意外。微波爐發明者史賓塞 (Percy Spencer) 站在磁控管（微波的產生器）旁時，口袋中的巧克力棒居然開始融化。基於對食物的強烈喜愛，他開始用爆米花做實驗，這便成為後來使用微波處理食物的主軸。西元 1950 年 1 月 24 日，他到位於華盛頓特區的美國專利局提出使用微波烹煮食物的專利權申請（美國專利字第 2,495,429 號）。

▲ 鑽 石

鑽石也能成為專利保護的標的。將鑽石表面石墨化的精密雷射加工技術可受到專利權的保護。

▶ 吸塵器

英國人戴森 (Dyson) 將離心力應用在吸塵器上，為吸塵器市場帶來革命性的創新。人們不再需要集塵袋，所有的垃圾都被收集到圓柱形的機身中。離心力產生強而有力的氣流可持續不斷的吸塵。

下面列出的是本書的摘要。在剛開始時，先別努力的把它完整記下來。請你先讀完整本書，再回頭看一遍下列的摘要，讓這些名詞及概念融合出一個全貌，這麼一來，你就能好好的運用智慧財產來取得自己應有的利益了。

摘　要

商標權

有效期間	涵蓋範圍	如何保護商標權	訣　竅
☆只要有使用，商標可永久持續有效。因此商標權是最有價值的智慧財產權，因為其他類型的智慧財產權都受到有效期的限制 ☆在臺灣，只要商標是持續使用，每 10 年展延一次，將永久有效	☆能夠區辨產品或服務的圖樣："ACER" 電腦、「大同」家用電器、「統一」食品、"STARBUCKS" 咖啡、賓士車的星形標誌、可口可樂的曲線瓶、"DHL" 快遞、歌手羅比‧威廉斯的名字、足球金童貝克漢的簽名、愛迪達的三條斜紋設計及美國 NBA 籃球隊的標誌等	☆在產品或服務上廣泛使用該標識 ☆向智慧財產局取得商標權註冊登記	☆選擇一個容易辨識的標識 ☆詳細記錄該標識的使用狀況，尤其是第一次使用的日期 ☆申請或商標使用前，先進行商標檢索查詢 ☆考慮將網域名稱或事業名稱當成商標 ☆實際使用商標 ☆在產品或服務上，使用 ® 作為已註冊的商標聲明，用 TM 作為未註冊的商標聲明

著作權

有效期間	涵蓋範圍	如何保護著作權	訣　竅
☆絕大多數著作權是在作者逝世後 70 年內有效。 ☆在臺灣，著作權的有效期為作者逝世後的 50 年	☆藝文作品：各類文獻、文學作品、電腦軟體、視覺設計、各類圖樣、相片、網頁設計、音樂、動畫、珠寶設計及工程設計圖等	☆在創作當時，著作權就已經產生 ☆到美國取得著作權證明，以證明所有權	☆在著作上簽名或蓋章，並加註創作日期，作為所有權的證明 ☆取得公證人或公證單位對創作日期的確認或證明函 ☆標示著作權聲明：© 2009，張三，著作權所有

新式樣專利權

有效期間

☆未經專利登記的新式樣:在英國,於產品首次銷售後的 10 年內有效,但不得長於產品被創造後 15 年

☆在臺灣,除了靠其知名度依公平交易法取得保護外,未經註冊登記,不受專利法保護。取得專利登記的新式樣:自申請後 12 年內有效

涵蓋範圍

☆產品的外觀及輪廓: 香水瓶的設計、雅致的項鍊、新車款的流線外型、產品的特殊包裝、英式麵包的造型、新款手提包的外型等等

如何保護新式樣專利權

☆到智慧財產局申請註冊該新式樣專利權

☆將個人的設計日期註明,以證明對該設計的所有權

訣 竅

☆到智慧財產局申請新式樣專利權登記,以避免不當競爭

☆申請前先調查是否有類似設計,以避免付出費用後仍不能取得註冊

☆申請前不要公開作品

營業秘密

有效期間

☆只要商業秘密有效保護仍屬機密,未經公開或經還原工程還原處理,其效力永久有效

涵蓋範圍

☆機密性的商業資訊: 各種配方、專業技術、電腦代碼、食譜、客戶及供應商名單等

如何保護營業秘密

☆保密

☆必須落實一些優質的管理方式,確保維持工作場所的保全效果

訣 竅

☆要求合夥人、承包商及員工簽署保密函作為有守密義務的證據

專利權

有效期間

☆自申請人向專利局提出專利權申請之日起 20 年內

☆在臺灣,發明專利自申請人向智慧財產局提出專利權申請之日起 20 年內,新型專利為 10 年

涵蓋範圍

☆各類發明: 電話、燈泡、線上交易程序、藥物、電腦程式、原子筆、吸塵器、鑽石的切割、人工心臟瓣膜等等

☆臺灣另制定積體電路布局保護法指定晶片設計的保護

如何保護專利權

☆向智慧財產局申請取得註冊

☆申請專利權前不要將發明公開

訣 竅

☆儘早向智慧財產局申請註冊以免不當競爭

☆申請前先查閱其他專利註冊紀錄,以免申請失敗

☆申請前不要將發明公開

☆要求合夥人、承包商以及員工簽署保密函

整合個人資產

➡ 採取整體性的觀點

　　所謂整合個人智慧財產權，係從一個整體性的觀點，看待個人智慧的結晶。個人擁有的權利，可能橫跨多種智慧財產，將這些不同的權利整合起來，可以增加個人的資源。個人因發明而取得的智慧財產權形式項目越多，侵權者就越容易被逮個正著。在發生智慧財產權糾紛時，不論是侵權訴訟或協議和解，創意人一定要有各種強大的「武器」作為後盾。

　　義大利的沛納海 (PANERAI) 名錶創立品牌的故事，提供了一個以單一產品取得多種智慧財產權的例子。

問：你能發現這只錶體涵蓋幾種不同形式的智慧財產權嗎？
答：可能有 10 種以上！

1
新式樣專利權適用於錶面的設計

2
商標權適用於文字標示"Panerai"

3
事業名稱專用權適用於該公司名稱"Officine Panerai"

4
營業秘密適用於手錶結構的組裝方式

5
營業秘密適用於部分零組件的生產方式

6
專利權適用於錶上旋鈕的結構設計

7
新式樣專利權適用於手錶外殼的設計

8
著作權適用於該錶的設計藍圖

9
著作權適用於詳述手錶特點的廣告

10
立體商標權適用於該錶的整體產品設計

➡使用多層次的防護

　　將各種智慧財產權做整合並不是新鮮事，早在一個世紀以前，可口可樂公司就已經有效的使用這種整合策略。在專精智慧財產權的律師建議下，可口可樂公司在 1915 年就開發出獨特的「可口可樂曲線瓶」，以便在市場上清楚區隔出其他模仿可口可樂口味的飲料。可口可樂公司提出了「新式樣專利權」的申請，以取得對可口可樂瓶身輪廓 14 年的專用權。接著該公司又取得產品瓶身獨創的「曲線」造型的商標權。在廣泛使用後，可口可樂的瓶身造型已經廣為人知，並在消費大眾心目中成功的與其他飲料產品做出區隔。

　　換言之，可口可樂公司在曲線瓶上整合了 2 種不同類型的智慧財產權，這種整合性策略帶來的好處是，即使新式樣專利權在 14 年後終止，曲線瓶的造型至今仍受到完善的商標權保護。

HERE'S COKE . . . THE
PAUSE THAT REFRESHES

Ask for it either way . . . both
trade-marks mean the same thing.

關鍵訣竅

1 時間就是一切

對任何智慧財產權來說，時間是最重要的，千萬不能耽擱。只要狀況允許，請依照本書不同章節中的建議，為你的創作取得智慧財產權的認定。一旦時機到來，請花一點時間與耐心，依照本書提示的簡單程序，為新創意問世的第一天留下清楚的證明。如能掌握時效，保存有效證明，智慧財產權的糾紛將是一個容易解決的問題。請記住，在時間上取得先機的人，就是擁有權利的人。換言之，你跑得越快，越能將對手遠遠拋在後面。

依各國法律不同的規定，有些智慧財產權的類型是不需要向主管機關正式申請註冊登記就已存在，例如商標權，有些國家透過使用就可取得權利。著作權也是，當作品完成時，該權利就已產生。你或許要問，那為什麼有些國家還要這麼麻煩要求創作者去註冊登記呢？理論上，取得註冊是幫助釐清所有權人取得權利的始日及表明這些權利的內容與範圍。此外，即使個人取得權利的始日確實比對手早，但證明這事實需要投入時間金錢，會使人無法專心工作，因此就長期利益而言，替重要品牌申請商標權登記並取得註冊，就可以省去上述一堆令人頭痛的舉證問題。如果是發明創作，最好在公開前就提出專利權申請，否則你會面臨失去個人權利的風險。再次重申，就專利權的保護，任何的耽擱都是得不償失的。

2 千萬別急於公開新作品

有些人在創造一項新發明時，通常感到驕傲、興奮、狂熱或其他無法言喻的感覺，想要讓朋友來試用一下，看看他們的反應，也確認一下是不是真的實用。然而必須注意的是，在權利取得註冊前，不小心處理新發明或未能採取必要的防護措施，可能會帶來風險。再次提醒，若還不到炫耀的時候，暫且忍住興奮的心情吧。

不管是哪種類型的智慧財產權，千萬別讓其他人有機會偷走你的創意。當然創作人都希望能瞭解別人的反應，要將一個想法或概念保護得密不透風，也確實是很困難的事。但當你必須與其他人討論新創意概念時，請專業一點，設法以適當的方法建立個人智慧財產權的證明，如請對方簽下保密協定 (Non-Disclosure Agreement or Confidentiality Letter)，如此便能無慮地與別人一起激盪創意。

3 妥善保存記錄

妥善保存記錄是必要的。落實個人的智慧財產權，通常會需要能提出強而有力的證據，證明你就是俗語說的「在時間上取得先機的人，就是擁有權利的人」。也正因如此，善於留下記錄的人往往是贏家。如果從新創意出現的第一天開始，你就詳細記錄後續發展，應是保障自己權益的最佳做法。記得要將新創意的起源、後續發展有關細節等，都精確完整的保留下來。

提示清單

☐ 你是否能正確說出你所擁有的智慧財產權的種類?其中是否有重疊部分, 如營業秘密或可申請專利權, 商品外觀設計是否可取得商標權?

☐ 如何取得個人智慧結晶的適當保護? 你是否已完成智慧財產權的註冊登記?

☐ 你跟合夥人、承包商與員工間是否已有清楚定出智慧財產所有權歸屬的約定?

☐ 你是否已持有確實證據可以證明對智慧財產的所有權?

☐ 你是否已確實檢索專利或商標註冊登記?

☐ 你是否在自己的作品上使用了他人的智慧財產? 如果有的話, 是否已取得他人的同意?

☐ 你是否有妥善管理智慧財產權的計畫, 防止權利的喪失或他人的侵害?

☐ 你是否已經採用適當的警語或提示,警告他人不得侵害你的智慧財產權?

☐ 你是否有完善的管理方式維護智慧財產權並確保在期限內展延登記年限?

☐ 你是否已經採用並落實必要的安全措施, 確定作品在公開前處在保密的狀態?

☐ 你是否已經聘有博識的法律顧問, 協助你保障自己的權利?

商標權

⬇ 什麼是商標？

清晨，當 NOKIA 手機的鬧鈴停止後，你轉到 ICRT 頻道，聽了幾分鐘的 "Music Punch" 節目，接著走進廚房，打開大同冰箱拿出星巴克 STARBUCKS 的咖啡豆，用裝著 MELITTA 濾紙的 BRAUN 咖啡機煮起咖啡來。在煮咖啡的同時，你按下 SONY 電視機的 Power 鍵，轉到了 TVBS 頻道。接下來，你拿起 SABATIER 的麵包刀，切下一片昨晚從頂好超市買回來的土司，將它放在 HABITAT 盤子上，然後坐在從 IKEA 買回來的椅子，你開始用 ACER 筆記型電腦收電子郵件，就像電影中所演的一樣，電腦螢幕跳出的訊息顯示：You've got mails。

你才起床 10 分鐘，卻已經接觸到許許多多的不同商標。這包括簡單的字詞、廣告標語、圖樣、具品牌風格的單字、顏色、包裝設計、產品設計等。身為一個消費者，你會選擇值得你信賴的品牌。然而，是什麼樣的動力驅使你去選擇某一種產品品牌──形象、商譽、個人喜好或只是習慣？如果你想銷售商品或服務，就應該去瞭解要如何選擇、使用、保護及取得商標權。上述提及的各種著名商標的所有人，都付出極大的心力與時間去瞭解商標的相關事宜，而你也應該要這樣認真、費心去理解。基本而言，商標是與特定商品或服務所一起使用的字（像麥當勞 MCDONALD'S）、設計（像 NIKE 的 Swoosh 標識），或其他形式標識（像泰山的吼叫聲或 TIFFANY 珠寶的藍色包裝盒設計）。商標是為消費者與產品（服務）的提供者間建立一個連結，協助消費者在同類產品（服務）的競爭品牌中做出區別（例如 VISA 與 MASTERCARD）。

商標也可以表彰不同身分地位的象徵（如英國最高級的

HARRODS 百貨公司與較平民化的 MARKS & SPENCER 商店)。它可以用在任何一種產品與服務，而不侷限於奢侈品或高價商品，如廣為使用的 BIC 原子筆與萬寶龍 MONTBLANC 精品筆。商標的口碑一旦建立，消費者看到使用相同商標的新產品時，心裡大概就有一定的期望，如 BIC 的商標用於可拋式刮鬍刀跟標示萬寶龍品牌的手錶。品牌對消費者深刻的影響力顯然大於任何文字說明介紹，品牌的圖樣、風格及其他符號，都會增強個人對產品的信賴度，也會影響產品的價值。如同樣一件白色圓領棉布衫，在百貨公司內衣部的售價與在專櫃上陳列並印有名牌 "CALVIN KLEIN" 的價格，相差數倍。

　　商標的使用也能達到公共利益——即有助於防止消費者被欺騙或誤導而購買到仿冒品。當你買 "STILNOX" 助眠劑時，當然會期望它像過去使用經驗一樣有效，任何人都會很生氣買到了偽造的 STILNOX 藥錠，何況偽藥可能會引發其他後遺症。

　　商標權與其他智慧財產權之不同，在於只要商標持續使用，該商標權可以永久有效！例如在臺灣著名的桂格 (QUAKER) 麥片商標，在英國是 1894 年，在臺灣則是於 1965 年取得註冊，且至今仍有效。在某些國家，商標若是被充分使用，並在消費大眾間獲得一定的口碑，即使沒有正式註冊，也會受到法律保護。

　　接著說明商標權的持久性。例如某樣特定商品的專利權雖已到期，然而該商品的商標仍保留使用，將會吸引消費者繼續選用該商品。舉例來說，早餐用玉米片的生產專利很久前就已過期，但很多人仍會習慣性的購買家樂氏 (KELLOGG'S) 玉米片而不選購其他品質與口味均類似的品牌。由此可見，商標權似乎比專利權更具有商業價值。

　　我們每天從起床的那一刻起，直到入睡為止，無時無刻都會接觸到各式各樣的商標及品牌名稱。據估計人們每天見到或聽到的商標，

平均超過 1,000 項。

 目前在臺灣智慧財產局註冊登記的商標已超過 800,000 項。

突顯你的品牌

　　在充斥各種不同商品的市場上，若能成功地在各競爭者間區隔出自己的商品品牌，將值回票價。英國 ORANGE 電信服務公司，努力用心為「橘色」這個色彩進行造勢活動，成功地創造 "ORANGE" 品牌及其代表色「橘色」在消費者心目中的地位。切記，不管是圖樣、標語、色彩、包裝設計、聲音，甚至是氣味，都能藉此建立強力的品牌效果。

➡商標權範例

　　統一速食麵、華碩 (ASUS) 電腦、雀巢 (NESTLE) 食品、諾基亞 (NOKIA) 手機鈴聲、賓士車 (MERCEDES-BENZ) 的星形標誌、LINUX 應用軟體、設計師 GIORGIO ARMANI、麥斯威爾咖啡的廣告詞「滴滴香醇，意猶未盡」("good to the last drop")、MORGAN 跑車的造型、DHL 快遞、ORANGE 電信公司、歌手羅比‧威廉斯 (ROBBIE WILLIAMS) 的名字、HOOVER 吸塵器、抗憂藥百憂解 (PROZAC)、雷朋 (RAY-BAN) 太陽眼鏡、哈利波特 (*HARRY POTTER*) 小說、時尚名牌香奈爾 (CHANEL)、電腦程式用的爪哇語言 (JAVA SCRIPT)、瑞士三角巧克力 (TOBLERONE) 的三角造型、微軟的 POWER POINT 軟體、足球金童貝克漢 (DAVID BECKHAM) 的簽名、愛迪達 (ADIDAS) 的三條斜紋等等，都屬商標權的範疇。

◆ 商標要如何使用？

商標並不必然要侷限在一種特定的商品或服務，它能夠橫跨整個企業集團的各種產品（如嬌生集團 JOHNSON & JOHNSON）。企業名稱與網域名稱如果本身具獨特性，當然也可以註冊成為商標。

當個人在選擇自己的品牌時，最好先考慮到是要將你選用的商品品牌同時作為公司名稱（如統一食品與柯達 KODAK）；或只是使用於商品的主商標（如時尚名牌 "GIORGIO ARMANI" 的所有公司為 GA MODEFINE；"HELLO KITTY" 的所有公司為 SANRIO COMPANY, LTD.）；抑或如家樂氏 (KELLOGG'S) 指定使用 SPECIAL K 於一種特定的早餐脆片產品；或是像豐田汽車公司用 LEXUS 代表一種特定風格車種；又或者像 AMAZON.COM 一樣同時用為網域名稱。當個人在選擇品牌時，通常都不確定未來是否會橫跨不同產品領域來使用它，不過多想一下總不是壞事。

◆ 不是任何設計都能成為商標

要談大家都能辨識的知名商標很容易，然而當企業設立之初或新產品剛上市的時候，一個很重要的選擇隨之而生。商標不會憑空出現，必須處理得宜才能經由商標的辨認，使消費者與商品製造者(勞務提供者)緊緊的黏在一起，並使消費者不斷回流，只是這個過程說比做容易。

舉例來說，消費者是否能區別某個商標是對應哪一項商品或服務？商標是否能使消費者對你的商品或服務產生聯想？如果答案是肯定的，你的商標就算是夠獨特。為了建立更有價值的資產，有些人會選擇使用描述性的標識，好處是讓消費者立刻就知道那商品的某項特點（如食品用「真好吃」）。但我們要提醒你，描述性的標識，取得商標專用權註冊的難度較高。

◆任何既存的字或符號若是夠獨特，就能成為強勢的商標

過去幾年進行了一場改變商標形式的革命，其結果是只要肯投入足夠的金錢推廣，即使是顏色也能當成商標來專屬使用，ORANGE 電信公司對橘色全力投入的造勢活動就是一例。所以不要認為將圖樣、標語、顏色、包裝設計、產品設計、聲音或甚至氣味創造為強勢品牌是不易達成的事。在充斥各種商品的市場上，只要努力盡心地將自己的商品（服務）從眾多競爭者中區分及突顯出來，都會為你帶來財富。

◆不同型態的商標

文字標識如「統一」、"ACER"、"ASUS"、「雀巢」(NESTLE)；圖樣標識如賓士車 (MERCEDES-BENZ) 的星形標誌；聲音標識如 NOKIA 的手機鈴聲、INTEL 的識別聲；包裝標識如可口可樂的曲線瓶；色彩標識如 ORANGE 公司所使用的橘色；知名人士如珍妮佛羅培茲 (JENNIFER LOPEZ) 及貝克漢 (DAVID BECKHAM) 的名字，卡通人物如米老鼠 (MICKEY MOUSE)，網域名稱如 AMAZON.COM 等，都是商標。

◆標識須具獨特性

商標最主要的功能，就是用以區辨商品（服務）與其他競爭品牌。換言之，商標一定要具獨特性。在商標法中，獨特性是一個重要的條件，它能決定一個標識是否能取得商標註冊。商標的獨特性必須足以喚起消費者對品牌辨識的能力，若消費者看到某一商標時，即能聯想到它所指的是哪一種商品（服務），那種商標就具有獨特性了。

商標類型

　　當你有許多可作為新品牌商標的選擇時，也就相對增加了品牌篩選的難度。在眾多選擇中，哪種標識最能幫助產品（服務）促銷？如不用文字標識，選用其他的標識或圖樣是否能如麥當勞的金色拱形一般，成功地讓消費者與你的商品緊密連接？或是你是否希望消費者不看商品標籤，如可口可樂一般，單憑容器外型就能選擇你的產品？商標的選擇，的確是無窮盡的。

　　但並不是所有選用的標識，都會被接受註冊。隨時間變遷，商標法及註冊機構會認定某些型態的標識是獨特的或是不具獨特性。舉例來說，一般使用 (generic) 的標識（如漢堡食品用「好漢堡」）與描述性 (descriptive) 的標識（如食品的「真好吃」）是不具獨特性的，而創造性 (invented) 或花俏式 (fanciful) 的標識則被認定本質上就具獨特性。至於暗示性的 (suggestive) 標識則介在兩者間。在選擇商標時，你必須很謹慎的考慮各種不同標識類型，在各種類型中選擇推銷你商品最有力者。

◆一般用語

　　一般用來指稱某種類型商品或勞務的用語，如「軟體」、「珠寶」、「家具」、「割草機」、「咖啡」、「信用卡」等詞，不能當成商標來指稱隸屬該類別的商品或服務。因為一般性名詞是用來說明某一類產品或服務其普通使用的定義，因此無法區辨其產品來源。對消費者與企業來說，不允許少數人寡占普遍使用的用語而妨害公平競爭。所以選擇商標時，一般用語是不能使用的。

但請注意，我們可以用一般的普通名詞，加上一個創造的獨特字眼來組成商標，如 SONY PICTURES。實際上，這種型態的組合商標可以幫助品牌建立起在市場上的定位（但就商標專用權而言，不包括 "Picture" 這普通名詞）。

❗ 不要成為成功的受害者

有些知名的商標已成為自己成功的受害者，如 "Cellophane"（玻璃紙）、"Aspirin"（阿斯匹靈）、"Lino"（亞麻）甚至是 "Cola"（可樂）等商標。由於太過有名，消費者都已將它們當成特定產品的一般用語，其結果是這些商標不能區辨商標專用人與其對手的同類產品，反而讓該標識成為某類產品的泛稱。換言之，它們已失去了獨特性。有鑒於此，在商標變得有名時，必須用心地想出方法避免這種情況，如找出適當的描述文字，讓產品本身的功能與商標保持一定的距離。例如，強調你並不是在 Xerox（當動詞）文件，而是用全錄（XEROX）牌的影印機影印；否則 Xerox 逐漸被視為一種影印動作後，就不能作為影印機的商標了。

➡ 描述性用語

描述性用語是用來敘述商品效果，例如「軟」(soft) 用於面紙、「乾淨」(clean-up) 用於家庭清潔用品、「清新」(fresh) 用於除臭劑、「柔軟的肌膚」(smooth skin) 用於潤膚乳、「閃亮」(shiny) 用於鞋油、「彈性」用於褲襪、「粒粒飽滿」用於米等，這些都是形容商品使用效果的描述。描述性用語不能幫助消費者對使用該類標識的製造商與其對手所提供的產品為公平的辨識，因此這些選擇通常不能註冊專用。

廣泛的使用

雖然描述性用語通常不能被註冊，但有例外。例如透過廣泛的使用，你會有機會說服商標審查官員，說明因為消費者已經將該用語與某一特定製造商間建立特殊聯結，該用語因而失去了描述的特性。為

了達到這例外效果，你必須提供一些具說服力的證據，如長期銷售記錄、廣告或市場調查，證明包含描述性用語的商標已經取得公認的商譽，因此該商標已成為商品來源表徵，可以有效區辨該獨特產品。換言之，原為描述性的文字標識，已具獨特性了（如味丹的「多喝水」）。

讚美性用語

讚揚特定產品的讚美性用語（例如 PABST 啤酒以藍帶獎牌為其商標標識），一般也被認定是描述性的標識。唯有透過廣泛使用，才有機會使讚美性用語被認可具獨特性。

地域名稱的描述用語

明確指出地名的地域性描述用語（例如以英國「蘇格蘭」為商標用於威士忌酒、「草湖」用於冰棒、「溫州」用於餛飩）一般也是不能註冊為商標，除非該地域名稱的商標已經在消費者間建立一定的商譽，而且證明已經符合商標獨特性的條件（例如池上米、永和豆漿、美濃紙傘、BOURNVILLE 巧克力、WATERFORD 水晶、GRANADA 汽車）。

訣竅

如果是基於行銷理由，必須選用描述性用語時，應如何處理？

在這種情形下，你需要長時期廣泛使用以取得商標權註冊。但要注意，在這期間內，使用這類標識是得不到保護的。因此可以考慮在你的描述性標識內，加入其他特殊而明顯的圖案，建立組合式商標，以換取較大的註冊機會。

🔒 **小聰明不會得到回報**

許多人認為故意寫錯一些描述性的用語，會奇妙地使其轉變成獨特性用語（例如把「電話」拼成 Fone，「額外的」拼成 xtra）；或將兩個描述性用語連在一起（如 toysdirect）；或是將描述性用語用不常見的花式字體來表示。但這些將描述性用語用「小動作」來調整不一定有效，而且並不保證會取得審查官員的青睞。

➡ 非獨特性的標識

有些標識本身就因不同原因而缺乏獨特性，這些標識無法確認或區別該產品與其他競爭者的產品。一些通常被認定為不具獨特性的標識如下：

◎過於複雜的廣告性標語，使一般消費者無法據以確認或區辨產品，例如「英國第二大國際定期班機航空公司」(BRITAIN'S SECOND LARGEST INTERNATIONAL SCHEDULED AIRLINE)。

◎基本幾何形狀，可能被消費大眾視為一種簡單圖例或裝飾，而不足以辨別其來源，例如被廣泛使用於世界性商品上的地球圖形。

◎英文字母及數字，一般均被視為不具特殊性，除非是已經得到消費者廣泛的認同，如 "555" 香煙，"No. 5" 香水，或 "IBM" 電腦硬體設備。

◎常見的姓氏，尤其是在電話簿中佔最多頁數者（如中文李氏或陳氏、英文 Smith 或 Jones），也被認定不具特殊性，除非該標識已與特定商品（服務）建立明顯的關聯（如周氏與蝦捲，ROTHSCHILD 與酒類，WH SMITH 與文具）。

◎會造成消費者對品質、特性及商品產地混淆的標識，一般也認定不具特殊性（如棉質產品 "COTTON-ETTE" 用在尼龍上衣，或香檳 "CHAMPAGNE" 用在西班牙產的汽泡酒）。

◎國家徽章或西方世襲貴族的徽章，或是有違道德與公序良俗的標識（如猥褻性的文字或圖案），也不能被註冊為商標。

◆ 暗示性用語

這一類用語不是直接描述，而是以暗示方式說明該商品或服務的特質，例如以捷豹 JAGUAR 用在汽車上，強調「健美、快速、優雅」的概念；多芬 DOVE 用在香皂，喚起「柔細、溫和」的感覺；而 COPPERTONE 用在防曬乳液，則暗示使用該產品會帶來你想要的膚色。

這個範疇中的商標還包括姓名與字母的組合。雖然姓氏不能被當做商標，但個人的全名則可能得到保障，RALPH LAUREN 或 GIORGIO ARMANI 都是很好的例子。英文字母的組合標識或公司的簡稱如果不描述產品，也可以成為好的的商標。例如雖然 "Hong Kong Shanghai Banking Corporation"（地域性描述）與 "Young Men's Christian Association"（會員資格描述）的全名都會被視為是描述性用語而無法取得商標保護，但其簡寫 "HSBC" 與 "YMCA" 都是很好的商標。

◆ 最佳選擇——原始創造的標識

這類標識是被創造出來的，本身不具有任何意義（如石油公司用 EXXON 為品牌，ACER 用於電腦）。創造性標識在商標世界屬於重量級選擇，這些標識在法律上是具有最強而有力的獨特性，可明顯區辨註冊者的商品或服務跟其他對手顯著不同。

這類商標是原始的創作，有時是由描述商品的許多瑣碎字選出拼湊而成，有時候只是電腦隨意選出，有些則是把英文拼字反過來，或

只是行銷達人突發奇想而得，例如勞力士 ROLEX 用在手錶，柯達 KODAK 用在攝影底片。在開始時你需要進行強力廣告宣傳，教育消費者該商標與商品間的關聯，好的行銷手法加上產品與服務的優良品質，會營造一個好品牌，GOOGLE 在網路搜尋引擎市場的地位，就是最好的例子。

◆ 任意選定的字詞

這個類型標識造就了許多強勢著名商標。這些是在字典上就可以查得到的單字、詞或語句，且早為人們所熟知，但若用在與該字義毫無關係的產品或服務上，將會是個很好用的商標，有名的例子是用蘋果 "APPLE" 這個大家熟知的字作為電腦名稱，以及將「寶島」用於鐘錶、眼鏡業。這一類字詞與產品無關連的商標是可以受到註冊保護的。

捏造出的名字也可以算是這一類型的商標，生產者會採用虛構的人物名字作為商品的品牌。例如「班叔叔」(UNCLE BEN) 就是 Mars 糖果公司創造的一個人物品牌，或 "AUNT STELLA'S" 是著名的咖啡糕餅連鎖店，「溫蒂」漢堡 (WENDY'S) 則源自於創辦人女兒的名字，以及臺灣著名的「阿瘦」皮鞋，這些都是好記的商標。要確定是由自己創造的，而且在相同產品類別中沒有別人使用它作為商標。

? 到底要如何選擇商標？

這是一個永遠無解的難題，且經常發生在商標專家與行銷達人間的角力戰中。行銷達人偏好描述性或暗示性的商標，他們認為自行發明與創造的商標用語無法有效傳達給消費大眾該標識與產品的關聯，而相對地描述或暗示性的商標用語卻能立即讓消費者知道產品的特點而有利產品推廣。但商標專家會持相反立場，他們的主要考量是要取得註冊資格，因此會主張採用創造性的用語，或至少是暗示性的商標，以期取得有法律保護效果的商標權註冊。

◆哪一種商標類型是最好的？

答案是只要不是一般性的普通用語，任何一種可以取得註冊的商標都好。以長榮 (EVA) 航空公司與中華航空 (CHINA AIRLINES) 公司來比較，長榮是一個任意選定的標示，比帶有地理意涵的中華 (China) 更容易受保護，但經由多年的使用與盡心促銷，兩者都已成為強勢品牌。以常理來說，描述性的標識會是最理想的商標，因為它可以直接告訴消費者該商品的特色、品質及產地。

然而商機是不同的。一般傳統產品是在低利的市場與競爭者廝殺，在這種狀況下，是不可能有足夠的時間與金錢來建立一個獨特品牌的名聲。相對的，創新而獨特的商品會帶來產品市場的革命，企業可能因此獲得厚利。處於這種情況，應選擇創造性的商標來區隔自己的品牌，並強力推銷之，使消費者對強勢品牌留下深刻印象。挑選商標需要智慧，必須仔細考慮各種優缺點。但應注意描述性的商標容易與競爭者發生法律糾紛，且此類商標必須小心使用並透過廣泛的行銷才能保護其持續的使用。然而商品標識終究是個人的選擇，因為只有你最瞭解自己商品的特色及它在市場上的定位。一個不容易取得註冊保護的商標，不一定是不好的商標。

無論選擇的是單字、圖樣、標語或設計，都需要投注心力與金錢來推銷品牌的辨識，才會被消費者接受。同時必須注意這些商品或服務的優良品質，否則就算投入再多的心力及資源選擇一個好品牌，但低劣的產品品質對任何消費者而言是沒有任何意義，且不會產生好感的。

◆不要用他人的名字

除非取得書面同意，否則不要用知名人士或其他個人的姓名、相

片或其他特徵作為商標。自己的名字可以營造成很好的商標，虛構出來的名字也一樣，但竊用他人的姓名或社會形象，如假冒王建民的聲音來推銷汽車，將會帶來一堆麻煩。

➡ 小心使用電影、文藝作品等的名稱

一般來說，書本、歌曲、專輯或電影的名稱，在商標法中是不受保護的。但是若當成一個系列產品來使用，如洛基 I、洛基 II 及洛基 III，就會擁有商標權了。如果是用某個電影名稱來銷售商品，如「洛基」玩偶，則該項玩具商品，可以取得法律保護。許多戲劇的劇名亦可作為例子，如《歌劇魅影》及《悲慘世界》均為廣受歡迎的劇名，若將其用在相關商品的銷售，如服飾，則該等商品標識可取得商標權保護。

➡ 不要將知名的商標用在自己不同種類的商品上

換言之，即使是不同的商品，著名商標所有人仍能依法阻止你的使用，如不能用柯達 KODAK 作為襪子的商標。因此強辯自己的商品與該著名商標代表的產品（襪子與相機底片）是完全不同的商品是無效的。

組合型商標

商標標識的概念一旦選定後，要認真地請專家設計獨特的文字、影像、記號、插圖或圖形，成為正式的商標，同時可考慮使用原創性特殊風格的字體、特殊的顏色或色彩組合，並將這些特殊而具原創性的單元加在一起，創造出一個獨特的組合商標。依經驗法則，這種組合型商標較容易取得註冊，而且也有可能受到著作權的保護。

　　著名美國運通卡上的羅馬軍團隊長像 (Roman Centurion)，可說明商標並不是只能用黑色方塊字體標示在完全沒有背景的白紙上，實際上文字商標的周圍可以布滿各種不同的配角。如果你要生產某項新產品，或想將現有產品重新包裝，試著合併使用字母、圖樣、標語、特定色彩、包裝設計，為產品或服務創造出容易辨認的品牌。很多例子顯示，如果管理及推銷得當，組合商標中的配角個體也有單獨成為耀眼明星的機會。

整體性的計畫

　　開發商品或品牌過程中的任一階段都要採取整體性的策略，創設組合型商標能幫助你創造一個在消費者心目中的強勢商標，且在法律上較易取得註冊。

◆非傳統式商標

　　近年來，符合註冊資格的商標，已經擴展到一些不尋常甚至可說是詭異的領域，這類商標通常被稱之為非傳統式商標。其範圍包括產品與包裝的設計、色彩標識、聲音標識、氣味標識、味道標識、姿勢與動作標識、廣告標語、圖樣等。

產品與包裝設計

　　如果想以包裝取得商標權利保護，這種包裝必須從開始就具獨特性，而且已經被當成商標促銷了一段時間，此外包裝設計也可以成為新式樣專利權保障的主體。換言之，當你努力將商品設計當成商標來建立商譽的同時，也能得到新式樣專利權的保護。因此即使該包裝設計的新式樣專利權已經過了有效期，仍得以商標權繼續受到保護，可口可樂特殊曲線瓶就是個好例子。

包裝設計的範例

以包裝設計取得權利的例子包括上述可口可樂瓶身造型、RECKITT BENCKISER 清潔劑瓶子造型、REMY MARTIN 酒瓶造型、金莎巧克力包裝、101 大樓外觀、SMART 汽車外型、CD 香水瓶造型、美極 MAGGI 鮮味露瓶身造型、威而剛 VIAGRA 藥錠形狀等。然而帶有特定功能的形狀是不能註冊成為商標的，例如飛利浦的三刀頭刮鬍刀的設計。

色彩標識

色彩的組合或單一顏色亦可能登記為商標，例如中油加油站的「紅、白、藍」組合，全家便利商店的「綠、白、藍」組合，金頂電池的「銅、黑」組合，但單一色彩較難取得商標權註冊，除非能提供很多的強力證據來證明該特定單一色彩已在該商品領域建立極好的商譽。

聲音標識

人們能聽見，並具獨特性的聲音，如 ICI 油漆用的狗吠聲、米高梅影片的獅吼聲、NOKIA 的鈴聲、WINDOWS 啟動時的音樂、INTEL PENTIUM INSIDE 的代表聲、綠油精及伯朗咖啡的廣告曲均是。

氣味標識

獨特的氣味，如強烈的辛辣啤酒味作為酒吧遊戲用飛鏢的標識，或剛剪過草的網球場清新味道作為網球標識。

訣竅

著作權

你所設計的商標也可能取得著作權保障，如此可提供品牌另類保護。此外，若設計者並不是你的員工，記得要取得設計人同意轉讓作品著作權的書面同意書。

味道標識

到目前為止似乎還沒有人取得食物味道商標。也許你可能會以麻辣火鍋的辛辣味取得商標史上第一人的榮譽，趕快去爭取吧！

姿勢與動作標識

特殊姿勢或動作可取得商標權。

T 臺灣現行商標法尚未將氣味、味道、姿勢與動作標識列入商標類型，但已包括在修正草案中。

廣告標語

記得 "Don't leave home without it" 的廣告吧，即使不看其他文字或圖案標誌，你也會知道那是美國運通卡。這是一句很好的廣告標語，有效提醒消費大眾運通卡的服務是不可缺的。有些標語是非常描述性的，例如 "Serving your community since 1922"。這個標語或許太過平常而不突顯，然而確實能使消費者安心，覺得自己不是在跟一家會連夜搬走的公司打交道，這個標語也表達對自己企業長期服務的驕傲。雖然這是個好標語，但從商標立場來看，它並不具獨特性。在選擇廣告標語時，要用心思考，當客戶看到你的標語時，你想要表達的是什麼。有創意的廣告標語，能讓消費者每次看到它時，就會立刻聯想到它代表的產品。具有特殊性的廣告標語，是一種可受保護的資產。臺灣的例子如遠傳電信的「只有遠傳，沒有距離」、華碩電腦的「華碩品質，堅若磐石」、美容業的 "Trust me, you can make it"。

訣竅

轉移舉證責任

提出商標權申請並取得註冊，權利人在商標有爭議時所要負擔的舉證責任將會大幅減輕。在這種情況下，對手必須證明你的商標權是無效的。這是個相當有利的情況，因為對手要提出有說服力的證據是很不容易的。

標　誌

　　標誌是一種沒有文字的設計標識，或是經特別設計書寫的文字，或是上述各類標示的綜合體。有些綜合體設計的標誌內，其文字部分與圖案設計可分開使用。有些文字商標已非常有名而無須加入圖案，而有些圖案商標已具「偶像」級的知名度，當然不須文字的陪襯，著名的信用卡 "MASTERCARD" 標誌就包含文字及二個相交圓環的圖案。

! **非傳統式商標**

　　非傳統式的商標代表一種較新且不同於尋常的商標趨勢，因此商標審查官員會十分小心處理，前面提過描述性標識的遊戲規則，在非傳統式標識仍然適用。例如試圖將獨特的香味作為香水商品「氣味標識」的註冊，可能不會被認定，因為香味對香水產品是屬「描述性」的。但如果以「玫瑰般的香氣」作為氣味商標，指定用於與香味毫無關係的商品，如車胎，則會被認定是「獨特的」而不是在「描述」該項產品，應該會被核可。

取得時間上的優先

　　有些國家商標權取得源自於使用與否，換言之，即使未經註冊的標識也能取得保護。如果能透過商標的使用，證明它已累積足夠的商譽來識別或表徵指定的產品，你就擁有商標權了。

T 臺灣必須經註冊登記才能取得商標專用權。

　　儘管如此，這類經使用而取得專用權者，仍可慎重考慮提出商標權註冊申請。這種做法是針對在商標權被仿冒者侵害時，原創者得免除證明自己的商標已取得一定商譽或具獨特性的舉證責任，此外你也取得正式的官方註冊生效日證明有優先使用權。又當商標使用有爭議

時，在官方機構前亮出正式的商標註冊證，對案子是絕對有利的。因此即使在那些無須註冊亦可取得專用權的國家，商標原始創造人仍應考慮申請商標註冊。

◆ 保存完整的使用記錄

在無須註冊登記的國家，商標權取得源自於使用。換言之，若沒有使用的事實就會失去該標識的專用權利，因此商標權人必須保留第一天使用該商標的記錄。「使用」在商標法中是指製造或銷售附有該商標的產品，第一次「使用」的日期，將確認誰是優先者。黃金法則是「取得時間上的優先，就是取得權利上的優先。」

這些記錄在維護權利時是非常重要的，因為那些國家的商標法要求主張權利者須證明其商標已經使用而取得商譽，即該商標在一般消費者眼中已具獨特性，可區辨產品或服務的來源。在必須註冊才能取得商標權的制度下，商標仍要持續使用，否則有可能會失去已註冊的專用權。由此可見，保存詳盡的商標使用記錄是非常重要的。

◆ 商標權申請

在申請註冊才能取得商標權的國家，向智慧財產局提出商標註冊申請是一件重要的事。必須經過這程序，你才能搶先他人及時取得個人權益。還記得那黃金法則嗎？「取得時間上的優先，就是取得權利上的優先。」商標註冊申請可在正式使用前提出。

在實務上，假使你能提出註冊證明，將會在法院爭訟時產生不同結果，但仍請切記，即使有了註冊證明，務必持續妥善保存使用記錄，以便在有爭執時，加強自己的有利地位。

準備商標權申請

➡ 商標檢索：從基礎做起

提出商標申請或使用新商標前，務必進行商標檢索，確認是否有其他人已經取得相同或類似的商標註冊。換言之，可能已有更遵守「黃金法則」的智者取得先機。檢索工作通常委託商標專家們代辦，但創意人亦可自行向智慧財產局查閱。

備用商標

由於一般人對智慧財產權的重視，使得商標申請案件數量急增，因此你的選擇很可能會與已存在的商標相同或類似而無法註冊。有鑒於此，新的商標使用者應為新產品選擇 1 種以上，甚至 3 到 4 種商標，以為備用。

如果查閱結果顯示可能會有相似商標註冊的潛在衝突時，可以請商標專家進行評估。多年的工作經驗瞭解到，這種評估是商標實務中最困難的一環。有人認為這是一門藝術，而不是科學，因為只是試著去評估潛在危險，好像有點在看水晶球一樣。這種註冊成功機率的評估需要實務經驗，基本上有兩個重要的考慮因素：

◎這兩個商標間有多相似，及

◎二者的商品或服務有多相同

商標檢索能找出潛在的危險，可提供申請人在正式申請前調整標識設計的機會，避免陷入將來無法註冊的困境。

◉ 這些標識相似嗎？

　　這是測試一般消費者見到這 2 種商標時，針對二者商品發生混淆的機會有多大。舉例來說，鞋類製品上用 "BALLET" 與 "BALLY"、電子商品 "IPOD" 與 "GIPOD"、手錶 "ROLEX" 與 "LOLEX"、"CROSS BOW" 啤酒與 "STRONGBOW" 西打是否會讓消費者產生混淆。

➡類　別

　　商標檢索後，要提出申請書，內容應包括與新商標有關的細節（圖案、字詞等），及該商標涵括的商品或服務類型。商標登記的商品與服務類型一般是經過正式認定的，申請人必須從制式的類別中選擇及指定符合你商品或服務的種類。

ⓣ 商品與服務類型在臺灣稱為商品與服務類別，目前臺灣商標登記分為 45 類，詳細內容請上網查詢：www.tipo.gov.tw/trademark/trademark-bulletin/trademark-bulletin.asp。

　　部分商品或服務可能隸屬 1 個以上的類別，如打火機可能屬於第 14 類（貴金屬商品……）或第 34 類（吸煙者用品），抑或兩者皆是，端視打火機是用哪一種材質製造。防護性的服飾屬於第 9 類，一般性服飾則屬第 25 類。

商標權申請流程

　　一旦將申請書送交智慧財產局，有關所有權的內容細項（如申請人名稱、註冊項目）就不能再更動，否則你只能選擇重新送件或商標移轉，而兩者都會提高成本。當申請被接受後，你會收到一個正式的申請日期，接下來的程序就是審核與異議。

➡審核與異議：生命中的磨難

審核與異議過程的等待常是令人難以忍受的，但別擔心，這是正常現象。這個階段通常會持續 6 到 10 個月，有些國家的審核期甚至會更長。

審查意見書

審核期間，審查官員會透過審查意見書與申請人進行溝通。例如審查官員會註記與申請案件相近的註冊商標，或者會評定申請商標是「不具特殊性」或屬「描述性」。這些問題都在標準程序內，申請人應回應並說明該商標不會被消費者認定係「描述性」的理由，或提供一份能更精準說明商品的解釋函。在申請過程中，要與審查官員保持良好的溝通。申請人須與專業的審查員合作，而非對抗，應以合作的溝通方式，找出真正的癥結點，針對問題予以處理。在有些國家，如英國，申請人可以要求專利局資深官員擔任聽證官，舉行正式公聽會。

訣竅

選擇商標權人

商標是否要登記在個人名下或公司名下，可能要兼顧稅務觀點的考量。

公 告

審查官員核可申請書後，該案就會公告在智慧財產局發行的商標公報中。申請案核准後自公告之日起的 3 個月內，任何人都可以提出異議。

異 議

既存商標的所有人，會就公告中的商標與其商標十分類似而有混淆之虞為理由，提出異議。被異議一方須證明該新創商標以及指定使

用的產品或服務項目與對方據以異議的既存商標及指定商品或服務有明顯差異，不會造成消費大眾的混淆。

當事人必須提供充分的資料，幫助聘用的商標專家尋找有力證據，以建立具說服力的立場，這也呼應我們一再提醒要妥善保存完整使用記錄的重要性。

在所有證據都被提出後，審查官員會依雙方呈送的文件作出決定。在有聽證制度的國家，如英國，審查官亦可決定要進行言詞聽證會。

T 臺灣目前在異議程序中沒有聽證制度。

付　費

有些國家，如英國，敗訴的一方須支付對手全部的訴訟費用。換言之，若在異議程序失利，申請人不但要重送一份全新的商標申請，還要支付對方的費用。因此商標的選擇與申請前的檢索，必須確實做到。

異議程序是商標權申請的終點站嗎？

答案是否定的，在實務上大部分的商標爭議都是在與對手溝通後得到解決。例如在審核階段，可要求既存商標權人（即與申請商標類似者）同意你的申請案，藉此排除官方不同意核准的阻礙。舉例來說，承諾縮減新商標指定使用的商品項目以突顯兩者的區隔，或修改新商標使其與既存商標設計不近似，都可能贏得對手簽署同意書。在異議階段，充分的溝通經常會促使雙方簽署併存協議書 (coexistence agreement)。固然這種協議方式能幫助你在已有類似商標登記的情況下，仍能取得商標註冊，但天下沒有白吃的午餐，對方可能會開口要一大筆錢作為協議的條件。即使最後無法取得協議，整個申請案也未必然就這樣結束，你還是可以更改你的申請內容（或重新申請），如修改商標或縮減指定使用商品的範圍，以克服審核的障礙。

併存協議

　　併存協議是雙方同意彼此各退一步 (live and let live)，典型的做法是將各自的商標以不同的形式限定使用於特定的商品或服務。

➡ 商標權的註冊與維護

　　如已克服申請案的所有障礙，在 3 個月公告期滿後，智慧財產局會送交商標註冊證書，商標專用權始日為註冊公告日，這將是美好的一天，記得要為自己慶祝一下！有些國家商標權的生效日是回溯到申請日期，而非取得註冊的日期。

　　註冊商標每 10 年須辦理延展，並支付延展費，智慧財產局會每 10 年寄一次付款通知。但你仍應記得參考自己的記錄，因為有時運氣不好會沒收到付款通知。請務必牢記支付年費是一件非常重要的事情，一定要格外小心。

　　此時你已擁有一項具經濟價值的資產，註冊商標可阻止他人試圖註冊或使用類似商標。記得商標註冊後要持續使用，否則可能會被別人攻擊，取消你的商標權。切記不要將你的商標放著不用，如果不用它，你可能會失去它。

　　在目前智慧財產權登記制度下，沒有所謂的「全球性」商標註冊這種制度。比較著名的國際性馬德里系統 (The Madrid System)，是遵循「選擇並且付費」(pick and pay) 的原則。換言之，商標申請人選擇與自身有商業利益的國家登記，並支付在這些國家申請所衍生的費用。

T 如何在臺灣以外的地區進行商標登記？

　　隨著企業國際化及網際網路的擴展，越來越多的企業會與世界各地的消費者交易，因此商標常會在臺灣以外的國家地域使用。商標權基本上是地域性的，在臺灣取得的商標權註冊只能保護該商標在臺灣的權利，其效果無法延伸到中國大陸、日本或臺灣以外的其他地區。

➡ 歐洲共同體商標

　　若想要在歐盟國家使用商標，可向歐盟組織的「內部市場協調局」(the Office for Harmonization in the Internal Market, OHIM) 提出單一申請，也就是申請一般稱為「歐洲共同體商標登記」(Community Trade Mark, CTM)。這是種極方便的簡化程序，因為申請人只要向指定機構提出一次申請，而無須向每個國家單獨申請。同時因為只要付一次規費，因此可以省下相當費用。歐洲共同體商標在歐盟所有成員國都可得到註冊保護。

 申請歐洲共同體商標的相關資訊，可從 OHIM 網頁：www.ohim.eu.int 取得。

➡ 國際商標註冊

　　如要取得歐盟以外的國家地區註冊登記，最理想的情況是能在國際的基礎上獲得保護。換言之，如有單一商標申請卻能將保護效果擴大到許多指定國家，這對申請人是最有利的安排。為人熟知的馬德里系統，就提供這種理想的註冊服務，這系統是由世界智慧財產權組織 (World Intellectual Property Organization, WIPO) 所管理。

 在母國提出的國際註冊申請，將由申請人意圖取得保護的各指定國家的註冊機構審核評估。有關世界智慧財產權組織及馬德里系統的相關資訊可在此網頁中取得：www.wipo.int/madrid/en/。

 雖然臺灣並非馬德里系統的會員國，臺灣申請人仍可透過其設立在會員國的子公司提出國際註冊申請。

訣竅

注意時效

在馬德里系統中要求申請人必須在 6 個月內以其在「母國」註冊的商標為基礎，將註冊保護擴展到其他指定註冊國家。如果能在 6 個月內完成，在母國取得的優先日也會擴展到其他註冊國家。

 # 商標授權

商標權人隨時得將商標授權他人使用，並取得權利金。請注意，商標權人與被授權者間，務必簽署授權合約，並向智慧財產局登記。

➡ 授權合約

如果你擁有一個受歡迎的品牌，自然就會有人來跟你接洽，希望你同意將那著名品牌跟相關的圖樣使用在他們生產的產品上。這種授權使用在娛樂與時尚圈十分普遍，如狄士尼的各種卡通角色都被廣泛地授權他人使用。當然在理論上，各種品牌都有授權使用的機會，此刻就是授權合約發揮功用的機會。商標授權合約通常規範詳盡，被授權人得使用的產品、授權使用的區域、使用期限、得使用的品牌（包括文字標識、圖樣、設計等）及權利金數額均屬合約基本範圍。

典型的授權合約亦會包含授權商品的製造與銷售的條款，主要是為了確保商品的高品質。被授權者亦須擔保不會因其不當使用而危害商標權益。合約中並會要求被授權者定期提供確實商品銷售量，並以之計算權利金總額。此外合約也可能規定授權者有稽查被授權者帳簿或工廠的權利。

◆品質控制

　　授權人，即商標所有人，為維持商譽，對經授權生產與銷售附有商標的產品，應進行品質控制。原因很簡單，商標所有人的商譽是商品優良品質的後盾，必須持續追蹤被授權者製造產品的品質。如果不能有效監督並維護產品的優良品質，商標的商譽將受損害。

　　當商標權發生糾紛時，要有心理準備，因商標權人須證明已盡力維護品質控管，從實務觀點建議，將生產過程中的監督者，如員工或承包商，正式給予「品管監督員」的工作頭銜是會有幫助的。應以書面告知品管監督員他的責任是要落實品管檢查項目，並為完整的記錄。如果有意大力拓展授權業務，應指定專門監督品管及負責協調的員工，而他們的責任是使消費者認定，商標權所有人的產品及被授權生產者的產品品質是一致的。

　　因此授權人必須確定商標授權產品的製造、設計及銷售都受到嚴格的監督及品質管控。切記，當讓別人使用你的品牌時，品牌形象就處在一種可能失控而造成商譽損害的危險。

◆商標權移轉

　　如果你想將自己的事業轉售他人，不要忘記商標。如買家買下所有資產並繼續經營，當然也希望將商標一起買走。然而，請記住商標並不只是一個文字或符號，它包含更有價值的商譽。

　　有時交易標的僅為商標而不包括企業本身或其他資產。在商標權轉售後，須向智慧財產局辦理變更登記。

如果你只是買商標，而沒有買下那家公司，不要誤以為你已經擁有該品牌的企業。有時人們願意出售商標，是為了達到某種商業目的，例如發生商標侵權時作為和解條件之一，或是在回應你要求簽署商標併存協議書時，同意出售。

除非你同時買下庫存、設計藍圖、客戶名單以及其他各種配合商標品牌的相關資產，否則購買他人商標可能只達到某種目的，但並不同時有效取得該商標所代表的企業。

 他人未經同意使用商標的保護行動

經過努力工作並投入許多心血、資源、時間後，你的商標產品正要大放異彩時，卻出現了厚顏投機者冒用你的商標。對於這些剽竊你腦力結晶與創意，並賺取金錢的無恥之徒，除了生氣外，還能有什麼保護動作呢？

如果對方是完全複製你的商品及商標，通常稱為仿冒品，這基本上是犯罪行為，法律對於如何處理這種情況及其程序，提供相當清楚的規範。如果對方只是將你的商標用在不同的商品時，他們仍可能侵犯了你的商標權，亦得藉由相關法令試著去阻止其使用。

擁有商標權，並不代表完全擁有該標識所使用的單字或設計。商標權是允許所有權人使用那單字或設計於指定商品或服務的專用權（如微風 "BREEZE" 商標權授與註冊人用於百貨業的專用權，但註冊人不「擁有」該字，其他人可以同樣名詞用在完全不同的產品或服務上）。因此除非商標已非常有名，或是一個超級創意的特殊單字，註冊人想在不同商品領域禁止他人使用相同或類似標識是有困難的，很可能只是在浪費時間罷了。同時，如果自己選用的是屬描述性標識而要阻止他人使用類似的商標，更是一件難事。但若有人使用與商標相同或類似的設計標識或圖樣於不同商品時，商標權人或可藉由著作權來防止他人使用。

侵權評估

　　建議你請教商標法專家什麼是處理侵權的最佳方式。首要之務是要先確定仿冒者的行為，是不是真的構成了侵害商標的條件。以下是評估侵權的方式：

1.時間上的優先權

　　在無須註冊即可取得權利的國家，必須要很確定你的商標權已取得時間上的優先，也因此確實是第一個取得專用權利的人。最麻煩的事就是去警告在時間上已取得優先的他人，蓋對方本是沉睡中的惡犬，很可能因此反過來寄警告函給你。

2.混淆的疑慮

　　這是判斷註冊商標是否被侵害的標準。即一般消費大眾是否會誤認侵權的商品或服務與掛著你商標的商品或服務是出自同一來源。商標的近似性亦是被考量的因素之一（即兩者商標是完全相同或僅是類似，或二者的商品是類似嗎？）。此外，直接證據（來自於社會大眾自發性的投訴可顯示已產生混淆的事實）或間接證據（商標與商品的類似程度）都會被參考。

　　在必須註冊以取得權利的國家，如果你的商標沒有註冊，你必須要證明自己的商標已經建立了一定的口碑與商譽，消費者已確實將你的商標與商品二者間建立了關連。接著就要證明仿冒者可能誤導消費者相信仿冒產品與你的產品是相同來源，並求助其他相關法令（如公平交易法）以試著保障自身權益。

➡️警告函：當頭棒喝

　　如果你的商標律師認為這是件對你有利的法律案件，他們通常會建議你先寄出警告函，請務必小心處理，因為法律警告函的要求非常嚴格。如果被認定無充分理由只是惡意威脅，發函者可能會受懲罰，因此記得要與你的律師仔細討論案情後再幫你起草警告函。

　　警告函有如給侵權者的當頭棒喝，阻止他繼續進行侵權行為。即使在這時間點仍有和解空間。和解條件通常會要求侵權者變更商標設計，修改成有顯著區別，或停止生產銷售行為。如和解失敗，就要進入法律程序尋求保障。請注意，法律程序費用可能昂貴且曠日費時。

　　對方在收到警告函後如回應惡劣，也不必驚訝，會自動認錯的人畢竟是少數。但有些惡劣的回覆信可能隱藏求和的意願。比如說，對方會說：「雖然我並不認為有任何侵權問題，但為維護商誼，願意討論雙方尋求和解的意願。」通常這代表對方願意修改商標，或準備將其業務逐步結束。試圖和解的努力是值得的，即便和解不成最後還是走上法庭，你會因為在進入訴訟程序前曾努力試圖和解而贏得法官的好印象。

　　如果侵權者完全不回應，你可以選擇到法院控告，或乾脆不再理會這件事。但不要在選擇不理會這事的幾年後，又改變心意提起告訴，這種做法是得不到法院同情的。當然如果選擇控告對方，你可以預期會有一筆鉅額的律師費。有些國家，如英國，勝訴的一方通常會取回訴訟費用。換言之，敗訴者除負擔自己費用外，也要貢獻出勝訴者的訴訟費用。當然如選擇訴訟，除負擔費用外，還會花很多時間準備文件、提供證據，對一般人來說這是極大的不便，但這是法律制度的必須程序。

　　如果你的商標在相同或極為相似的產品上被他人複製冒用，有些國家的海關、主管貿易單位或警方都可提供協助，取締仿冒品。

◆商標權之執行

　　行使商標權必須注意一個特殊的要件，即所有權人須主動捍衛或執行自己的權利。如忽略主動防堵侵權的行動及維護商標專有權，而讓他人取得相似商標的註冊或使用類似商標，其結果是削弱自己的商標專用權。在這種情況下，如果你等待一段時間後才決定要阻止模仿者註冊或使用近似商標，將弱化你在智慧財產局或法院的地位。

監視服務

　　全球有很多提供監視服務的專業公司，如 www.cpaglobal.com。受

委託的監視服務公司如發現新申請案與你的商標相同或類似，會立刻通知你，你可依據這項報告，評估個案特性，決定是否要提出異議。

未註冊登記商標之使用

只要符合一些基本要求，創意者還是可以保護未經註冊的商標。法律上發展出一種稱之為「抄襲」(passing off) 或「不公平競爭」(unfair competition) 的項目，其基本規範係要求個人不得將自己產品誤導為他人的商品。任何商人都不被允許利用他人商標的口碑與商譽，來進行不公平競爭。換言之，對踐踏你的知名但未註冊商標者，法律提供採取保護行動的依據，但你必須要證明：

◎你的商標已有效推展並累積一定的口碑與商譽，使消費者將商標與商品二者間建立明確的連結。

◎仿冒者已使消費者誤以為其商品與你的產品是出於相同來源，且其程度已明確產生混淆的結果。

◎你很可能會因此種混淆而遭受損害。基本上法律見解認為一旦有混淆的事實，損害就必定隨之而來。

相對而言，即使你不打算註冊商標，建議在使用它之前要先確認你是否有侵犯到其他雖未註冊但已經存在且取得一定口碑與商譽的商標。

雖然未註冊商標仍可能取得某種法律保障，原則上你仍應提出商標申請並取得註冊。理由很簡單，因為沒有註冊而發現假冒者，且必須採取法律行動時，你將對上述三項條件負舉證責任。相反地，如果你能拿出商標註冊證明，對手必須負舉證責任，他必須要證明你的商標不夠獨特。

公司取得商標註冊登記也是種聰明的做法，否則如公司進行合併或更名時，出讓公司品牌或品牌受侵權時，沒有登記證明會產生極大的困擾。

 設質協議

就如同以房屋抵押貸款，商標權亦可作為借款的擔保品。如果你想要取得某個商標的使用授權，像是用知名的時尚品牌銷售香水，應先查明該授權人是否已將其商標權質押。

 海關報備登記

有些國家（包括臺灣），商標權人得向海關報備商標註冊記錄，機場與港口的海關官員就會幫你注意進口或出口的仿冒品。有些國家法令允許官員找出仿冒品，並加以銷毀及對進口商罰款。近年來海關確實比過去積極主動，執行上頗有成效。

 營業團體

某些產業公會、組織聯盟或商業團體會聯合對抗仿冒品，這種聯合行動可降低成本。仿冒品並不會只針對某特定品牌，仿冒者對同類商品都會仿製獲利（如不只仿製 CHANEL 衣裳，也會仿冒其他各種名牌服飾）。共同對付仿冒品是一個可與競爭對手攜手合作的機會。

公司名稱及網域名稱

請注意法律上有 2 個會與商標相關重疊的領域，即公司名稱及網域名稱。

▶ 公司名稱

如果生產銷售商品或提供服務的企業，是以公司的形式成立，可以認真考慮採用已註冊的商標作為公司名稱。公司名稱亦受法律保護，因此會與商標保護產生重疊保障。

很多世界性知名企業，如可口可樂及雀巢都選擇以企業名稱作為產品的主要商標。在商標爭議案中，相同的企業名稱可能獲得額外保護傘。企業名稱一般會有更優先的使用日期及更悠久的商譽證明，在商標使用發生爭議時，會讓對手的立場更為薄弱。

▶ 網域名稱

網域名稱已成為推銷品牌的有力工具，這些網域名稱的網頁，也可用來作為銷售產品或提供相關資訊的平臺，網際網路就是一個會出現在每個桌上電腦、筆記型電腦或 PDA 的廣告看板。成功的例子如銷售書本的 AMAZON.COM。因此在商標後加上 .com 登記為相同的網域名稱，將有助於你在競爭市場中享有更佳的優勢。

網域名稱對品牌推廣是非常有用的工具，如 BURBERRY.COM、JAGUAR.COM、CATHAY PACIFIC.COM、EVAAIR.COM 及眾多以品牌或企業名稱登記的網站。消費者即使不用搜尋引擎，也可以很輕鬆地直接鍵入品牌名稱再加上 .com 造訪這些網站，並快速完成交易。

因此有一個與品牌名稱相同的網域名稱，無疑是個行銷利器。有鑒於此，當你在為新商標查閱商標註冊簿（商標檢索）時，可以同時查詢同一名稱是否得登記為網域名稱。

容我們再次說明，擁有與產品或服務品牌名稱相同的網域名稱，將處於有顯著行銷優勢的強勢地位。況且透過虛擬的網路亦可誘導消費者到真實世界的實體店面去參觀。查詢網域名稱是否已被登記，可利用下列免費的服務網站：

 www.net-chinese.com.tw

www.networksolutions.com/en_US/whois/index.jhtml

whois.melbourneit.com.au/

www.nominet.org.uk

如果你想要的網域名稱已被他人登記使用，但你無法改變既有的商標及品牌名稱時，或可考慮其他解決方法。例如你可以在自己品牌名稱前或後加上無特殊意思的字，像"emark"，期與業經登記的網域名稱有所區別。這些組合文字標識雖不盡理想，但還是有很大的機會使消費者牢記的。

你也可以查詢那些你想要但又已被別人註冊的網域名稱，是不是仍在使用中。如果該網域名稱事實上沒有積極使用，你可以禮貌地要求購買該網域名稱。

當然許多網域名稱登記的「先知者」，其目的就是詐取有意願購買網域名稱者，然而大多數的開價都屬合理。如有購買意願，試圖提出一個實際合理的條件。

惡名昭彰的網域名稱剽竊者（pirates，他們搶先註冊了名人或知名品牌的網域名稱，再高價售出）是頭痛人物，近來的趨勢是法院會處罰這些網路剽竊者。

如何處理剽竊者?

如果你努力創造了一個知名的品牌，卻有人（剽竊者）使用與你的商標相近的名稱並搶先註冊登記為網域名稱時，該怎麼處理呢？有些公司無論這些網域名稱是否在積極使用，都會追訴。有些公司則選擇性地只追訴那些在積極使用的網域或是要出賣網域名稱者，當然後者是比較理智的做法。事實上，世界上很多國家都已發展出一套網域登記爭議處理程序。在這制度下，公權力可強制要求這些剽竊者將網域名稱註冊轉移給正牌權利人。

網域名稱有爭議時，商標註冊人與公司名稱所有人，已經站在有利的位置，可有效防止自己的商標或公司名稱被別人搶先註冊為網域名稱。想知道有關爭議處理的更多資訊，可查閱下列網頁：www.arbiter.wipo.int/domains/index.html 或 www.twnic.net.tw/dn/dn_h_01.html。

著作權

什麼是著作權?

　　放下書本，看看四周，牆上掛有海報或繪畫嗎? 身上是否佩帶著華麗的珠寶? 手臂上有絢麗的刺青嗎? 衣服是不是有特別設計的圖樣? 電視臺播放什麼? 是連續劇、舊影片、《超級星光大道》還是晚間新聞?

　　在日常生活中，事實上我們是被各種繪畫、視覺藝術品、文字作品、電腦軟體、舞蹈、音樂、電影及其他藝術創作所圍繞，這些作品的創作者是透過某種媒介來表達自己的思想。這些自我的構思，在經媒介傳送的那一瞬間，就受到著作權的保護。

　　當你自己創作一個故事、一首詩、一篇文章、一幅畫、一份藍圖、一首曲子或是電腦軟體，你就擁有該作品的著作權了。大型媒體或娛樂事業，如動畫工作室、音樂工作室、廣告代理商或出版商與有創意的個人都能受到著作權保護。如果你是一名作家、藝術家、網頁設計者、圖像設計師、作曲家、攝影師、音樂家、電影製作人、喜劇作者、演藝人員、舞蹈設計師或其他創意工作者，請注意，你的創意在透過書面或以其他方式表達出來的同時，就已經受到著作權的保障。但是你也要確定別人知道那是你的作品，並且應瞭解若有人未經同意擅自複製你的作品時，可以採取什麼保護行動。

訣竅

為自己的利益保留機密性

　　為了將自己的創意具體現，而想與朋友或家人討論大腦中的想法，其實這並不是個好主意。把創意思想告訴別人的動作，不會取得著作權。反之，別人可能用了你的點子，搶先在你之前把它記錄下來，那你就倒大霉了。每個人都有一些創意想法，要將之有系統的記錄及書面化才是難事，因此著作權法要保障的就是創造的精神及付出血汗勞力的成果。

著作權涵蓋最廣泛概念的藝術作品。初期它是用來保護傳統的藝術作品，如文學著作、音樂、雕塑及繪畫。然而著作權已明顯地延伸到各類創作，如電腦軟體程式、有特色的網頁設計、電視遊戲節目、獨特設計的圖樣，事實上著作權保護的範圍是無遠弗屆。

◆著作權範例

綜合以上的說明，著作權可包括建築藍圖、網頁的建置與設計、珠寶設計、收音機與電視傳播、動畫（包括 DVD）、音樂錄音帶（含 CD）、汽車設計、相片、服飾設計、劇本、雕塑、雜誌或期刊上的文章及工程藍圖等。著作權也存在於電腦原始碼，包含每一種在你電腦裡運作的軟體，從作業系統、文書處理程式到網路瀏覽器均是。

著作權保護項目可列出長長一串，但請勿被誤導，以為所有創作都受著作權保障，事實並非如此。著作權的保護並不一定適用於「實用物品」(useful articles)，與專利權須具實用性不同。要區分一件作品是否實用或是屬於著作權法中所稱的藝術創作價值，是很難的事。絕大部分的服飾及珠寶設計會被認為是實用品而不具藝術特色，因此不受著作權的保護，但布料的圖案及具華麗藝術品味裝飾的珠寶可以取得著作權。即使你的作品最終還是無法取得著作權，仍可試圖申請新式樣專利權來加以保護。如果你長期努力促銷創新的產品，或許亦可獲得商標權的保障。

◆意思表達：著作權保障的是創意的具體化

善用你的創意，並用它創作出一些實際的作品！將自己的想法從腦袋裡發掘出來，並把它具體呈現在書面或硬碟裡是非常重要的過程。當你這麼做時，你就有了一份創作或「作品」。很奇妙的是一旦這些想

法從個人腦海具體地轉移到紙張或電腦中，新的想法就會隨之持續而來，作品也就跟著增加。你的作品也許不及畢卡索 (Picasso) 的畫、丹·布朗 (Dan Brown) 的懸疑小說或約翰·藍儂 (John Lennon) 的披頭名曲，但這是你個人的終生成就，況且憑著努力、超強的銷售方式或是運氣，你仍有機會將創作發展為有價值的資產。如果別人複製或擅自使用這些作品的任一部分，都會侵害到你的權利，並給他帶來很大的麻煩。

值得提醒的是，著作權只有將創作具體表現於有形的媒介上時才會發生。換句話說，一個腦中閃過的想法或在腦海中存在的超酷創意，都還不能主張著作權。再次重申，你必須要將創意對外表達出來，例如將那些極佳的創意書面化，或是用電腦軟體做出圖像設計。著作權保障的是創意的實體表達而非創意本身。人的思想就像空氣一樣，所有人都可以免費自由取用，但對已完整具體化表達的他人思想自行逕為複製使用，是不被允許的。

❗ 不要洩露你的點子

在將最原始的創意轉化成具體的表達形式之前，不要洩露這機密給其他人。如果你討論創意的對象是寡廉鮮恥者，他會搶先寫下這些想法。前面說過，切記取得時間上的優先。第一個想到點子的人必須將想法具體化並表達出來才能取得權利。

◆ 著作權保障原創性作品

「作品」一定要具原創性，必須是源自本身，而不是抄襲他人，就像別人不能抄襲你的作品一樣。如果別人的作品還被保護著，你當然也不被允許抄襲別人的創作。創作是代表作者自己對某主題創新、獨特的詮釋，而非偷竊別人的思想創意。我們的思考顯然都會受周遭

事物影響，創造作品當然不可避免的也會受四周環境影響，但是思想受影響與抄襲二者間有極大的不同。

　　有趣的是，在理論上，著作權認同身在地球兩端的不同創作者有可能創造出相似的作品，因此這兩位創作人均可各自擁有其作品的著作權，因為它們都是獨立撰寫的原始創作。

➡著作權：防止抄襲的權利

　　Copyright（著作權），正如其字面意義，授予權利人得重製自己作品的專屬權利。所謂重製作品的專屬權，包括阻止別人複製 (reproduce) 已受保護的作品，權利人並可阻止他人創造衍生性的作品，或是逕行翻譯作品。他人若未取得同意，亦不得銷售、展示或表演有著作權的作品。這種具有經濟價值的權利，允許所有人得阻止他人未經授權逕行複製。除經濟權外，著作權人亦得主張人格權，人格權保障的對象是你作品的使用方式，專屬於作者本人，不得轉讓。例如你寫了本書，你就有權被認定為該本書的作者，並以作者身分，不同意任何毀損你作品的使用方式。又如你是某首樂曲的作曲家，你就有權不讓它用在有爭議的電視節目或是不允許它作為某種產品的廣告配樂。

➡著作權有生命期嗎？

　　著作權在作者生存期間內都有效，很多國家並將權利在作者逝世後再延續 70 年。著作人為法人、用筆名或不具名之著作、攝影、視聽、錄音及表演之著作，則自其公開發表的那一天起算，受有 50 年的保護。

T 臺灣是作者逝世後再延續 50 年。

取得時間上的優先

很多有關著作權的案件都試圖以法律程序或是證明方式來確定爭議作品的原始創作人。換言之，證明正當權利所有人通常就是著作權爭議的核心。判定是否有侵權或「實質上複製」(substantial copying) 的著作權糾紛相對地較少。

◆創造作品

著作權是在作品創造時即自動賦予作者。多數國家並不要求辦理註冊登記（包括臺灣），所以沒有一個須遵循的正式登記程序。

◆確定是自己的作品

從證據觀點來看，作者本人是提供有效證明的最佳人選。如上所述，原則上如果你創造了那件作品，你就擁有它，但是你還是要多做點功課，才更能確實證明自己是作品的創作人。這些用來確認證明自己有所有權的功課包括在作品上署名並加註日期、標明著作權的表示或請公證人簽字證明。

簽名記錄日期

首先建議你要在每一頁原稿或其他文件底部（書面形式）簽上姓名（自行簽名）與註明日期，如果是其他形式的表達方式，則在作品最後處簽署並註明日期。如果你的作品是像原始碼一樣的電子形式，建議你在代碼的最開始處，標明你的姓名、開發日期以及有關著作權的告示。有些軟體程式也會自動加註文件完稿日期，這樣能帶來額外的證明。

著作權的標示 (legend)

除了在作品上註明日期及簽名外，另應考慮加註國際慣用的著作權標示：

© 2009，張三，著作權所有 (All rights reserved)

該標示係在 © 之後加上第一版印刷年度、著作權人姓名及「著作權所有」的宣告。這個標示可以警告他人，宣示你主張該作品的著作權。

圖樣或戳記

英、美國家亦有使用由下列文字用語組成的戳記：

本人，張三，在此確認

本人為此原創性設計的創作人

署名_____

日期_____

在此戳記中，「設計」這個字依作品的性質可被其他字，如「軟體程式」、「書本」、「音樂」或是一個更廣泛的用語「作品」所取代。

公證人

上述各種方法，毫無疑問能幫助你證明作品的原創所有權。然而法官經常要面對日趨猖獗的偽造文書及詐欺行為，因此對於未經驗證的文書都抱持著懷疑態度。因此上列文件若有公正第三人，如公證人，予以證明，應是個不錯的做法。公證人驗證的事項中，作品的創造日最為重要。

電子作品無法直接在上簽證，可以把作品列印出來後，在結尾處簽上你的名字及公證人的證明。

法律宣告

除上述的告知方式，另可選擇法律性的告示附加在你的作品中。

我們觀看 DVD 影片的片頭，都會有此類警告。

美國著作權證明

另外一個有助於驗證創作日期與作品所有權的方法，是自美國著作權局取得著作權證明。在美國提出著作權申請之程序如下：

◎填寫制式的著作權申請表，其格式可在以下網站找到：www.copyright.gov。

◎繳交申請費（目前為美金 45 元）。

◎將申請表格及作品送交美國國會圖書館 (The US Library of Congress)。www.copyright.gov 網站會提供更多詳細解說。

當然並不是每件著作權申請都會核准。申請後可能會收到一份由美國著作權審核官寄來的詢問函（稱為「審查意見書」(official actions))，審核官的問題都很清楚地直接表達。如一切順利，在送件後 6 個月左右會收到著作權註冊證明，註冊生效日是從美國著作權局接受申請書那一天起算。

取得美國的著作權註冊除可證明自己創作外，還有一個額外的好處，即如果你須在美國行使著作權，取得註冊的事實會帶來顯著的優勢：

◎美國公民取得著作權的註冊是提起法律訴訟的要件。

◎如果著作權的申請是在侵權行為發生前提出，就有資格要求損害賠償及律師費用。因此單憑已取得註冊的事實，就能讓對方瞭解到最後須負擔雙方的律師費用，而選擇快速和解。

當然一事必有兩面，在美國提出著作權申請，也隱含不利的一面。倘若美國駁回申請，則作品在美國得到保護將有困難，因此對自己的作品是否能順利取得美國著作權註冊，建議尋找美國著作權律師進行諮詢及評估。

要選美國著作權律師，可參考以下網站： www.martindale.com/xp/Martindale/Lawyer_Locator/search_advanced.xml，並在「專業領域」(specific area of practice) 欄位中鍵入 "copyright"。

在美國取得著作權登記的檔案是可以公開查詢的，因此如果作品具有保密性，如電腦原始碼，著作人可以提出書面請求，經該美國登記機構同意後，送交一份經編修過的版本作為申請附件。

由於臺灣沒有著作權註冊登記制度，而美國是少數接受著作權申請並授予著作權證明的國家，因此雖然著作權證明是美國的官方文件，但在美國取得的證書，在臺灣或其他地方還是可以作為有力的所有權證明。

密封信封的迷思

有一個常被談論的「城市傳奇」，是作為證明作品創作日期的訣竅方式。依這方式，創作者將作品郵寄給自己，但不拆信，信封永遠保持密封狀態，而郵戳上的官方日期就無可駁斥的成為作品創造時間的鐵證。但事實上竄改信封封口是常見的惡招，因此這種形式的證據在法庭上還是會令人懷疑的。

➡ 權利轉移

就像握有一捆短棒一樣，著作權實質上是由很多權利綁在一起的組合，你可以將這些權利的一部分轉賣或授權他人使用，而只保留其他剩餘部分。因為權利可以轉賣，亦可授權，著作權人有很大的彈性處理他的著作權。重要的是權利人必須詳細記錄放棄了什麼權利、授權他人使用的權利範圍及其他重要行為，並妥善保管該記錄。

著作權是智慧財產權的一種，與其他形式的有形財產一樣，能夠全部或一部分交換、買入、賣出、繼承或轉讓。舉例來說，你可以將自己作品的翻譯權轉移他人，自己只保有原文的著作權。請記住，在

國外某些國家（如美國）要求著作權的轉讓必須有書面協議。此外當你出售自己創作的雕塑或繪畫時，你仍然保有該作品的著作權。

投稿雜誌的文章

投稿雜誌時，除非已經協議將該文章著作權轉移給雜誌出版社，否則作者仍擁有著作權。然而投稿文章的行為，當然表示你已經授權雜誌社刊登你的文章。報紙或雜誌社受僱人（如記者）文章的著作權則屬於該等業主。

委　任

如果你僱用或委任攝影師或圖像設計師，不要以為你能得到他們作品的所有權並隨意使用。如果你付錢僱用一個攝影師為你的書拍照，或是委任一位藝術設計師為你的書設計封面，請注意，除非另有合約約定，該攝影師或藝術設計師將擁有照片或封面設計的著作權。因此，此類協商內容應是買斷作品並取得著作權移轉同意書。如果你沒有取得著作權的書面移轉同意，你很可能會在使用這些受僱者的作品時遇到麻煩，因為他們理論上可以隨時要求額外的費用。如果你想要對第三人提出告訴，認為他侵害到你聘請的設計師特別設計的企業標記時，別忘了，設計師才是著作權人。相對的，若你被委任去創作作品，如雕塑或設計專輯封面時，須考慮要協商出一個好價錢後再賣斷轉移著作權。此時應先試圖評估你的作品在委託人使用時可能產生的利益，然後再提出合理的金額。

當你僱用他人時，一開始就應協議合理價格與確認權利轉移，以避免之後重新議價或發生更麻煩的事。如果你在開始時忽略了這點，在之後的階段，還是有機會取得權利的移轉，這種狀況稱之為「確認性的移轉」(confirmatory assignment)，且其生效日回溯到作品的創造日。這是因為攝影師或設計師是你付費委託替你創作，基本的對價條

件就是可以使用他們的作品。換言之，這些攝影或設計創造的目的，就是讓你使用他們的作品，因此得合理推論其間本來就存有默認授權的合意及事實。但請小心，著作權使用範圍有限制，如取得書本的發行權，不代表可將該書本改編為電視劇。著作權使用方式超出原先的使用計畫，當然也就超過得主張默許授權的範圍。

網頁設計

如上所述，建議確認能從網頁設計師手中取得網站設計著作權的約定。

委任與受僱員工

在某些情況下，包商（包工）的作品並不符合「委任」作品的定義。典型的例子是接受工作指派的包商本來就是你的員工，而其作品是屬僱用工作的範圍內，如僱用繪圖設計師特別設計書本封面，這種封面創作的著作權是屬於僱用人的。雖然這種關係十分清楚，但仍應謹慎從事，試圖與包商簽訂書面合約，確認作品著作權的歸屬。

◆授權使用

著作權人得授權他人複製或銷售作品，並得收取授權權利金。建議雙方應簽訂授權合約。

著作權能全部或部分授權使用，這是非常重要的認知。授權可以獨家或非獨家（多家被授權人）的基礎為之，授權期限亦可不同。

雖然授權不一定要有書面約定，但仍建議考慮以書面為之。唯有這樣當事人間的權利與義務才能清楚記明。此外授權終止原因或啟動方式也可在合約中明確規定。

授權的權利金

在授權合約中經常規定被授權人須準備每季銷售報告、權利金，並交付經會計師簽核的年度財務報表以瞭解被授權者整體財務狀況，這種財務瞭解對授權人是很有用的。合約中也要清楚載明授予的權利範圍及期間，如授予使用的是劇本，合約中應註明該劇本可用於舞臺劇、電視劇或可拍成電影。由於著作權權利可以被一塊塊地切割，因此在授權時必須清楚註明授權範圍。

如果你取得他人著作權的授權使用，必須確認你所簽署的書面授權內容。如果未標明係獨家授權，創作者就有權將相同的權利授權其他人使用。獨家授權的權利金額通常是比較高的。

開放性原始碼授權條款

開放性原始碼授權條款 (Open Source Licenses) 允許任何人不經授權即可使用。並不是所有人都期望透過自己的創作獲得經濟上利益，仍有令人欽佩的創意者並不想藉自己作品賺錢，卻將其貢獻為公共財，增進社會全體的利益。

如軟體程式設計人員間發起的「開放原始碼運動」（自由軟體），這些軟體程式設計人員透過「開放性原始碼授權」允許社會大眾免費取得原始碼。在實務上，這種做法所帶來的結果是使用者可以複製軟體而不須付費。但使用條件則是任何對開放原始碼的作品所做的修正或改良，或由原創品衍生出來的作品，其創作者必須像原來的開放原始碼軟體提供者一樣，免費讓大眾使用，這是一份公眾持續享用的禮品。

以優越的穩定度及安全性聞名的 Linux 作業系統就是一個開放性原始碼授權的例子 (www.opensource.org)。

創意公用授權條款

創意公用授權條款 (Creative Commons Licenses) 是一種與開放授權相似，用來鼓勵有創意者使用前人智慧結晶創作的產品，這是由創意公用運動 (www.creativecommons.org) 所提倡。創意公用授權條款是為軟體以外的其他創意作品，如音樂、電影、攝影、文學及網頁設計等設計的。

臺灣中央研究院正在推動此類授權，請參考：creativecommons.org.tw。

創意公用授權允許有創意意願者免費複製、散播、展示、演出著作權人的作品，如今超紅的維基百科 (Wikipedia) 可屬此類非營利的公眾服務。

這種公用授權也可能是非商業性的個人活動，如佩珍引用公用授權，在網路上展示她的玉照並歡迎大家在註明照片來源的條件下使用那張照片，網友文雄下載那張照片並在他的網頁上展示增加佩珍的曝光率，當然文雄必須註明該照片是佩珍的作品，這樣的使用方式，雙方皆大歡喜。

訣竅

對抗侵權

發生侵權行為時，不要只想著要怎麼從侵權者手中拿到賠償金，切記對方可能會有一套說詞。對方也許會說這種使用屬「合理使用」(fair use)，或說你並沒有取得具有法律效力的著作權，抑或宣稱你的作品並不是原創作品，甚至乾脆號稱已取得你的同意。因此除非對手很愚蠢或犯了嚴重錯誤，你要有心理準備這將是場持久戰。

著作權侵害的保護

　　為了智慧結晶，你拼命工作，付出無數個失眠的夜晚及龐大費用，晴天霹靂似的，你突然發現有人在未經許可下擅自複製了你的作品，這時該怎麼辦才好？ 建議你立即與律師商量。律師能幫你檢視你的權利，確定這些權利是否仍存在，並對被侵害的事實予以研判。如果作品的完成日記錄及作品完整版本均保存良好，且係正確記載，這將會是成功的第一步。

　　你也要證明被質疑的作品與你的創作有高度類似。並不是完全的複製才算侵害你的權利，將書本部分引述，或是在廣告中用一張你的繪畫，都是侵權。

　　即使已獲得作品某一部分的授權使用，若是該被授權人將你的作品用在授權範圍外其他目的時，也算侵權。舉例來說，你將創作的油畫賣給某人，除非合約清楚述明，否則並不一定表示已授予複製為海報的權利。又如為特定廣告所創作的圖樣，不表示已授權廣告主今後50 年都可使用該圖樣為其商品的標識。

 實質複製

　　著作權侵權判斷的指導原則是以對原始作品是否有「實質複製」(substantial copying) 為依據，但這個標準雙方會有不同解釋，也沒有明確的定義作為判斷準則，來檢驗複製的僅是無關緊要的部分還是實質而明顯的抄襲。這一類案件通常都很棘手，要阻止別人複製抄襲你的作品或控告對方損害賠償，這都牽涉到複雜的程序，建議你應尋求專業指導。一旦認定確有實質複製的事實，可先寄出「停止侵權」(cease and desist) 的警告函給侵權者。這種嚇阻目的在使對方停止其侵權行為，此時仍然有和解空間，一旦和解不成，就要準備進入昂貴的法律訴訟程序了。

確認自己沒有侵害他人的著作權

　　創作的過程就像培養花卉或植物，需要不斷給予養分。對創作人來說，能夠站在已經超越他們的巨人肩膀上，藉此踏入更高的創作境界，是很重要的一步。

　　在某些情況下，你會被允許自由地複製他人作品，或在完成自己作品的過程中，仰賴其他原創性作品的意念。這是因為你能複製那些稱為「公共財」(public domain) 的作品；複製那些符合「合理使用」(fair use) 或「合理處置」(fair dealing) 的重製主體；複製創意本身而非特定的創意表現主體；或是取得「許可」(clearance) 或「同意」(consent) 去複製一項特定的作品。

➡公共財

　　所謂公共財領域的各類作品包括已成為人類社會文化遺產一部分的所有創意作品及其他相關知識。這些受人景仰的偶像級作品，能在不經許可及無須支付權利金的情況下被自由使用或複製。例如特納 (JMW Turner) 的繪畫及拜倫 (Byron) 的詩即屬於公共財，但安迪·沃荷 (Andy Warhol) 及畢卡索 (Picasso) 的畫或貓王 (Elvis) 的歌曲及表演影帶則否。一般來說，作品是在超過智慧財產權的保護期後才成為公共財。因著作權保障逾期而成為公共財的著名作品尚包括莎士比亞 (William Shakespeare) 的劇作、巴哈 (JS Bach) 的作曲及達文西的名畫蒙娜麗莎的微笑。在實務上除非作品的著作權已明顯到期，否則你應該聯絡出版商、代理商或作者的繼承人，以確認著作權保障是否已過期。

在引述明顯可判定已成為文化遺產的文句時，仍要小心。例如古典希臘原文書或托爾斯泰 (Tolstoy) 的《戰爭與和平》，你想引述的作品可能是翻譯而非原文創作，而仍存活的譯者通常都握有翻譯本的著作權。文藝類以外的非原創性作品也可能是屬於公共財，如數學公式。

劇作家波姆 (L. Frank Baum) 創作的《綠野仙蹤》(*The Wizard of OZ*) 一書屬於公共財，但是由女星茱蒂嘉蘭 (Judy Garland) 主演的華納兄弟公司 (Warner Brothers) 經典電影內容與書本並不相同。華納電影版本所增添的情節，仍然受著作權保護。

判斷作品是否屬於公共財不是件容易的事，如《綠野仙蹤》的例子，一些你認為應屬公共財領域的作品，卻因加入了一些創新的素材改編後保有新著作權，因此很多熟悉的作品迄今仍然受到著作權法的保障。

訣竅

法律因國家而不同

在臺灣屬於公共財的作品，在海外也許不是如此。如果你想將作品銷售到國外，除非你十分篤定所複製的作品在全球各地都屬於公共財，否則應對各國法律進行確認。

➥ 合理使用

合理使用，或稱為合理處置，提供了從事非商業性研究、個人學習研究、專業評論、時事評論（即有新聞價值的事項 (newsworthy-items)）及教師等工作者，一個變通使用他人作品的方式。舉例來說，只要能清楚表示資料或文句出處並對作者表示感謝的條件下，學生的論文就能參考並引用他人作品的部分內容；文學評論家在

寫書評時被允許抄錄小說中的一些段落；新聞工作者能在新聞報導中引述某家公司的財務報告。這只是一個大略原則，你可以徵詢著作權專家的意見，以確定自己的「抄襲」是處在這例外被允許的安全地帶。還記得著作權的基本概念嗎？即創意的具體化表現是被著作權所保障的，但在腦海中的創意本身則否。著作權的存在，源自於利用媒介將自己創意具體化的呈現表達。有趣的是如果你將別人的想法用自己的創作語言表達出來，也算是著作權的一種。

然而還是要小心不要玩過頭。不可大段抄錄文學作品的原文或抄襲設計或圖像作品中的一大區塊，這樣做就是侵犯了著作權。因為這事實上已是直接竊取他人創意表達的成果，而不只是利用他人創意創造自己的作品。

世界上沒有絕對且可靠的定義規則，但最保險的做法是要避開抄錄完整的特定文字、設計或圖像。當你有疑慮時，要傾聽內在聲音，如果直覺感到不對的話，很可能就是犯錯了。

舉例來說，你有權寫一本有關巫師學校的童書，但如果你抄襲羅琳 (J. K. Rowling) 的《哈利波特》(*Harry Potter*) 情節、用語或片段，這顯然是抄襲她的作品而侵害了她文學創作的著作權。購買 CD、DVD 或書本只是取得使用權利，不包括授予複製其內容的權利，即使複製目的是為自己使用而非出售獲利亦不允許。從網站下載作品、將他人作品數位化或影印他人作品，都可能是「複製」行為，請務必小心。

➡ 權利人的同意

如果你需要複製享有著作權的作品，請先取得著作權人的同意。尤其是文學作品，因為作者常會引述其他作品的部分摘要，取得同意是一種普遍的正當做法。引用他人詩句時，亦需要這樣做。

　　尋找著作權所有人取得同意書並不是難事，可先找到作者的出版商或代理商，他們會幫你連絡，或至少轉介到原作者的律師。律師能協助你以一定的金額取得使用該作品（例如引述）的許可，通常數字是合理的。你要謹慎遵循此一途徑，並確實將所有同意資料詳實記錄保存。這些同意可能只授予一定期間或發行份數，也可能僅獲得在第一版引用的權利，往後每次重刷，都需要另外再取得許可。

　　另一種選擇是連絡代表著作權所有人的團體組織，從一個現存的作品發展出一個「衍生性作品」(derivative work) 時，亦可透過這些團體取得必要的協助。例如翻譯作品、改編小說、將繪畫拍成照片或是改編樂曲，這一類作品都是「衍生性作品」。要找出衍生性作品的原版作品作者並取得他的許可，可以經由上列的協會團體協助連絡。

在臺灣，這類的著作權人團體有代理作者及出版商的中華語文著作權仲介協會、代表 20 餘家唱片公司的中華音樂視聽著作仲介協會 (www.amco.org.tw) 及代表音樂作品的中華音樂著作權仲介協會 (www.must.org.tw) ⋯⋯等。

瞭解自己擁有何種權利

　　「持有人占有十分之九的權利」並不適用於著作權領域。著作權是很多權利綁在一起的組合，如對作品實物的權利、授權複製的權利。也有是基於原作品再發展創造出新作品的權利，例如書的續集、樂曲的錄音帶、使用繪畫作為海報等。

　　授予他人使用作品並不是將所有的著作權利都授權給他而可以無限制地使用。賣出油畫原件，並不代表已授權買方得將該畫做成海報或月曆的權利。個人傳記交給雜誌社出版，並不代表雜誌社有權可將之改編成電影，相同原則同樣適用於電腦軟體。又多數光碟片只允許

有限的授權，因此複製時務必注意其授權的限制範圍。不要以為簡單的動作或一件小事就一定是合法的，千萬不能掉以輕心。

◆ 攝　影

攝影師擁有自己攝影作品的著作權，但他不得主張擁有相片中背景實物的專用權（如以 101 大樓為背景），因此他人以相同的實物為背景拍照是被允許的。如果你請了一名攝影師在婚禮上拍照，切記你不能隨性地想洗幾份照片就自行多洗幾份，因為攝影師擁有照片的著作權。理想的安排是事前多付些錢，買斷照片複製的權利，相同的著作權原則亦適用於攝影師交給廣告商的照片。委外的工作，除非作者已以書面表示同意著作權歸屬於委託者或是事後同意將著作權轉移，否則其作品僅供作特定目的使用。例如攝影師被聘僱並約定拍攝照片交給廣告代理商為某廣告使用，但攝影師並未放棄將該照片作成其他海報或授權他人用於包裝紙上的權利。如果你是受僱攝影師，應先確認各種權利關係都已經詳細過濾，且大家都清楚瞭解彼此的交易地位及權利。

◆ 音　樂

在音樂領域中，法律規定歌曲得被「強制性授權」（compulsory license），即使是歌曲強制授權，使用人仍須付費，即你付出一定的金額可換取使用一首歌曲的許可，但是請不要將使用一首曲子的許可，與使用該曲子特定的表演錄音混為一談。藝術表演的演出，本身具有不同種類的著作權，如歌曲的詞、曲、錄音及表演分屬不同的著作權。過去幾年，熱門樂曲已廣泛地成為廣告歌曲的來源。音樂著作權會產生金錢利益，請務必確認自己權利內容，並且在每一步動作前，都要

仔細研究協商。

因為音樂著作權涉及經濟利益，你應能瞭解，為什麼在音樂界服務的朋友，聽到有人未經許可複製、下載並銷售他們的藝術結晶——音樂作品時，肯定會抓狂的原因。音樂工作者要投入許多時間、精神、金錢去尋找適當的藝術表演家，精選歌曲、收錄他們的表演並為後製作業，一切努力都是為了讓好的音樂聽起來更悅耳動聽，然後再將完美的演唱錄製成 CD。因此當你買一張 CD 時，你買的並不只是一片塑膠，你買的是音樂家匯集他們的創意表達，盡心努力製作的藝術產品，這種心血結晶自應受到著作權的保護。

◆ 職業藝術家

如果你僱用一位圖案設計師或是其他職業藝術家來設計一則廣告或是一個網站，你應確認到底買到什麼「貨物」。相對的如果你是設計師或是藝術家，你也必須很清楚告訴客戶，他在付錢後得到的是什麼，或者從另一角度說明，什麼是他「不」能得到的，同時在開始時雙方亦應講明白說清楚權利轉讓的價碼或授權使用的權利金額。正常合理的人不應假設在付出一小筆錢後，能夠永久任意並完整地使用一個創意作品。買方最不想見的事就是被設計師控告侵權賠償；同樣地，設計師最不想要的則是必須向越權使用的客戶追訴。因此事前協商，清楚的約定雙方權益才是一筆好交易。然而若事後需要從藝術家手中取得更多的權利，你可以再跟他協商，達成後續的交易目的。取得權利的完整轉移可稱之為「確定的轉移」(Confirmatory Assignment)，其移轉生效日可回溯到作品完成的那一天。

如何僱用藝術家？

　　僱用職業藝術家從事一件重要案子，在固定的費用下應約定將相關著作權轉移，但可同意藝術家得在表彰他個人代表作的選集中使用或複製該作品。

網際網路的警示

　　網際網路是一項強大的研究工具，能無限提供有用的、詭譎的、新奇的資料，即使當前的網際網路文化是方便隨意使用的，甚至有點類似無政府狀態。但不管有多大的誘因，將網路上的資料複製成自己的作品是被不允許的。雖然網路上的資料是大量傳遞且容易取得（易於下載），但它們通常不屬於可隨意複製的公共財。即使是一個小小的圖樣或標識，也可能是藝術創作品，複製這些圖樣可能會侵犯了著作權。在一個網頁中可能包含許多不同著作權作品，如作品原文（文學作品）、圖樣（藝術作品）及音效檔案（音樂作品）等。

◆ 電腦程式

　　電腦程式一般被認定是一種文學作品 (literary work)。如果你從網際網路下載一支電腦程式，並將它存在網路伺服器中，在你的個人電腦上使用，或在電腦螢幕上展示該程式的圖像，這種種行為都會被稱為「複製」。當你在開發自己的網站，應在每一頁都標上國際通用的著作權標示，再加註你是否允許他人在無須同意情況下，使用網站上的資料。

　　在資料庫中資料主體的檢選與編輯方式如具有原創性的，則該資料庫也受到著作權的保護。投入大筆時間與金錢開發出來的資料庫，在有些國家會受到另一個獨立的「資料庫」權利的保障，這種權利的效力自資料庫建立當天起即受保護。

➡ 標示引述他人作品的來源

你也許會認為只要註明引用作品的作者，就已經盡到基本責任，也可避免侵害著作權的指控。雖然引述作品作者的姓名是值得讚許的，也可以免於抄襲的指責，但仍要依引用的情況判斷其行為是否適當。換言之，引述作品來源並不表示一定不會陷入侵犯著作權的困境，例外被確定可允許的狀況是學術研究環境下進行的作品，學術界人士普遍在作品中使用註腳 (Footnote) 的做法是被接受的。

➡ 共同所有權

當你跟別人一起創造一個作品，雙方都擁有該共同作品的著作權，但是共同所有權會使事情變得棘手。兩人要對所有有關作品的事項，如修正、延展及其他影響共有作品的議題，都表示同意。換言之，彼此對任何問題都有實質上的否決權。

因此不妨認真考慮在共有作品的一開始，就買下另一人的權利，以避免了後僵持不下的麻煩。例如寫兒童故事書時，你可以考慮買下插畫家的繪圖版權而成為該書唯一的權利人，避免共同所有權人僵持不下的困擾。

Form Edison to iPod

新式樣專利權

什麼是新式樣專利權?

在當今世界,產品設計已經成為提升生活品質的重要因素。對消費者來說,誘人的外型設計成為主要的賣點,新式樣專利權的申請案件量以倍數增長也就不令人意外。簡言之,新式樣專利權適用於產品外觀或裝飾設計的保護。

T 新式樣專利在臺灣歸屬於專利法中專利權的一種(其他為新發明及新型專利),但因其為不具功能的外型設計,很多國家將之列為專利權以外的另類智慧財產權討論。

在我們的生活中,停下來想一想,商品的外觀是多麼重要啊!手機的外型與其功能應無關連,但精心設計的外型,可能是影響你決定購買的重要因素。咖啡壺也是例子,功能都一樣,只是外觀不同,這也是消費者選購的考量。各類型的鞋子、拖鞋或涼鞋,功能性差異有限,外型差別往往決定勝負。再如手錶,各廠牌的錶殼造型、錶面,即使是錶帶,都會帶點與手錶功能無關的設計特色。這些設計特色能幫助消費者對功能性相類似的物品作為區別。

現今的市場中充斥著各式各樣的競爭產品,每個生產者都想要分得一杯羹,新產品則繼續從世界各地湧入市場,同時生產技術不斷提升發展。在這種劇烈競爭下想要在市場上成功銷售新產品,必須要想出好點子,找到足以讓自己產品與競爭者有區別的特色。設計新穎的商品兼具改良的功能就是成功的條件,而新式樣專利則可以提供這種新穎設計的保障。精巧的品牌推廣活動會吸引市場的注意,商標權可以提供品牌的保護,而優質的廣告文宣或產品的廣告曲則受到著作權的保護。但光靠品牌或廣告是不夠的,產品本身必須具備亮麗的外型

才能產生無可抗拒的吸引力。

為了要取得這種商品銷售優勢，越來越多的企業致力將資源投入產品或其包裝的設計，這也是新式樣專利權日趨發揮重要功能作用的原因。美觀的產品設計對時尚與奢華品牌是不可或缺的要件，因此新式樣專利權對時尚與奢華產品是十分重要的保護。

如果你是產品設計師、包裝設計師，或是準備要推出新產品的企業家，你必須要瞭解什麼是新式樣專利權，如何取得這權利以及新式樣專利權與其他智慧財產權保障內容的不同。

◆新式樣專利權範例

新法拉利跑車的流線造型、BULGARI 香水瓶的原創設計、TIFFANY 的華麗項鍊、LV 新手提袋的造型及特徵、藥丸的氣泡式包裝、裝洗衣精的塑膠瓶、瓶裝水的標籤、英式鬆餅的外型、捷安特自行車、ACER 筆記型電腦等等。

◆新式樣專利權的保護內容

新款手提包的造型特色、刀具把手的形狀與外觀設計、用在珠寶上獨特材質所突顯的華貴質感、香水瓶的獨特美觀輪廓等，這些都是肉眼可以辨識的。要符合新式樣專利權的保護資格，新設計必須要有肉眼能辨識的獨特外觀。

新式樣專利權保護商品不具功能的裝飾性特徵，包括產品的包裝、商品的新穎外型及物品的立體設計等。即使是最簡單的設計，也受新式樣專利權保護。新式樣設計並不一定要華麗考究，基本上與商品的功能無關而只影響商品外型的特徵皆屬之。

如果商品或包裝的外型特徵具功能性，應先查詢是否已有其他專利權（新發明或新型專利）註冊，以確定該項功能發明與其他已註冊的專利權沒有衝突。如果這項原創性特徵僅包含外觀，就屬新式樣專利權的領域了。即便是一把簡單的螺絲起子，也可能因為加了一些裝飾性的外觀特徵，讓它變得很具吸引力。

新式樣專利權使權利人能據以防止他人生產、使用或販賣相同設計圖描繪的圖樣。但新式樣專利權到期後，他人都可以用你的設計來生產、使用與販賣同樣商品。

T 在臺灣，新式樣專利權最長能持續自申請日起 12 年。

➡ 新式樣專利權的延伸

如果新式樣設計在長期推銷後，消費者能辨識出它們與特定品牌有關連，那麼你在新式樣專利權的保護下不讓他人複製產品或包裝設計的同時，也已建立自己的品牌及商標知名度，這種整合利用各種不同智慧財產權，使其互補互助的方式是值得採用的。申言之，新式樣專利在取得專用權後，對產品或包裝的獨特設計產生保障，使他人無權仿冒，再透過積極的廣告宣傳，消費者看到的不僅是一件令人賞心悅目的好設計，他們也注意到該產品的品牌及使用的商標，自然而然會根生蒂固地將產品與品牌永久結合在一起。

這種運用不同智慧財產權以獲得更高報償，在對自己的設計有長期規劃的企業家而言，是非常有利的。但是如果每一季都推出新設計的產品，將新式樣專利權與商標權整合的做法就沒有太大的實益。若是你的設計成為一項銷售穩定的商品，而且大家都把它跟生產公司建立一個特有的連結，你也可將這個設計當成一個商標品牌來行銷（可

口可樂曲線瓶是一個例子)。簡言之，新式樣專利權讓你取得將商品外型設計建立的商譽，轉成商標權的機會。當新式樣專利權到期時，你已擁有了商標權，而商標權是可以永遠存續的。

◆新式樣專利權的內容

與其他專利權不同，新式樣專利非常容易觀察到的，或至少是一眼就能看到。新式樣專利權的說明書，文字說明很少，大約只有二、三行文字敘述，一般也很少看到用文字表示的專利申請範圍。在新式樣專利權裡可被文字化的專利範圍不普遍，附在申請書的設計圖樣就是專利申請的範圍。俗語說：「一張照片的價值抵過長篇大論。」在新式樣專利權中，附上的圖樣必須能正確完整反映新型設計。

送審的圖樣或相片，必須要能從各個不同角度展現設計的物品，而不只是一個展示立體圖。也就是說，申請註冊一個新設計時，圖樣或相片必須是一張一張的排列在一起。新設計中的每一個組合要件都必須有系統的陳列，並清楚的描繪，不能遺漏任何細節而讓審查官員有想像空間。畢竟政府將授予你自申請日起算 12 年的獨家專用權，大家都應該能明確知道你所主張的新穎設計內容到底是什麼。

❗ 功能性與視覺性設計之比較

產品設計若具有功能性的特徵，就不能被當做一項新式樣專利權來保護。新式樣專利權要保護的是視覺性的外觀以及具有美學的設計特徵。純粹功能，例如具有與一般螺絲起子相同功能的設計，通常是不受保護的。不過若是你能夠想出一種有趣而能吸引人們目光，並極具特殊風格的螺絲起子，而且跟一般傳統的螺絲起子外觀有很大不同時，你就有機會取得新式樣專利權的保障。

◆新式樣專利權的申請要件

跟發明專利一樣，你不能從舊的設計中，去取得新式樣專利權。這是發明專利權跟新式樣專利權相同的地方，想要取得新式樣專利權，你的設計特徵須具有下列基本要件：

◎必須是新的設計，或是對已經存在的物品來說，是「新穎的」的創作。

◎必須具有「獨創特色」，即設計特徵必須是原創的。但如果產品的新特徵是技術面且具功能性，將無法取得新式樣專利權，這是發明專利權與新式樣專利權的不同。

新穎性

國外有句俗語：「太陽底下沒有新鮮事。」然而新式樣專利權只有在設計是原創新穎的狀況下才會取得。換言之，申請的設計不得與已存在且公諸於世人面前的其他設計相同，在你的設計完成前，必須仔細審核已存在的資訊或材料，確認你的設計是新創的或是新奇的。在實務上，除非是抄襲其他作品，任何一項設計都可能是原創的。如果能確認現有的產品設計與你的創意產品是相同的，那就不要提出申請，以避免申請失敗時的痛苦。因此建議在申請前先調查、評估你的設計是不是創新的。

在臺灣，申請新式樣專利權前的調查請查閱：patentog.tipo.gov.tw/tipo/twpat.htm。

獨創特色

要得到新式樣專利權的保護，新設計必須具有獨創特色。產品是否具有獨創特色要視見聞廣博消費者的反應而評判。如果你的設計與另一個已經被公開使用的設計同時放在一起時，見多識廣的消費者能輕易找出二者的區別，你的設計就符合具有獨創風格的標準。舉例來說，就好像一個日本象印水壺的使用者，能輕易的區分出該產品與在超市出現的牛頭牌水壺有何不同。

新式樣專利檢索

你可在網際網路上進行，例如使用 Google 搜尋引擎的「圖片」，找出在相關商品領域中的設計樣式。假使你的設計是夾克，鍵入「夾克設計」搜尋。同樣地，你也可以用「電視機設計」或是「燈罩設計樣式」等項目來搜尋。這種搜尋方式可能會出現許多已經存在的設計，來幫助判斷你的設計是否有可能被認為是具新穎性的。

 # 取得時間上的優先

你必須要在設計創作過程中留下詳細的文字記錄，且不要在你提出申請前將資料公開，如果公開，就有被抄襲的可能。也就是說，必須確定在將設計展示給其他人之前，就已提出新式樣專利權的申請。尚未申請專利的設計及具體化的模型，例如產品的製作原型，請務必妥善保管，或拍照留存，俾能建立你創作的日期及其外觀形狀。請務必牢記，取得第一時間的優先者就是取得權利的第一人。

因產品性質使然，有些新設計的商品在市場上出現到消失的速度，快到讓你在商品已在市場消失後仍未能取得註冊。雖然如此，在設計完成後，即使市場經濟價值可能很短暫，仍應在最短時間提出專利申請。

新式樣專利權的申請費用並不像申請發明專利那麼昂貴，因此如果坐等觀察這項設計是否具有經濟上的長期價值，那可能會錯失發財良機。

設計小偷

在貿易展覽會場上，你可以看到人們對展示的新式樣產品不斷拍照或勤作筆記，千萬不要對此感到訝異，抄襲盜用設計是非常普遍的，有些人根本不認為這種做法是不對的，因此設計的原創者必須為自己尋求適當的保護。

在展示前提出新式樣專利權申請，可以告知競爭對手，該設計已是被保護的主體。在實物上、展示會場或產品廣告及網站上，註明已申請新式樣專利權保護的字樣，這樣可以宣告你要將設計商業化，如果有人意圖抄襲會為他自己帶來麻煩。新式樣在取得專利權前不會被刊登公告，因此當對手看到你所設計的新穎特徵時，你已取得專利權了。如果新式樣專利權的申請是用很聰明及慎重方式處理，受保護的專利範圍會很廣泛，而且可以有效防止新設計被抄襲濫用。

訣竅

寬限期

設計師通常沒有考慮到在將自己的設計公諸於世前提出新式樣專利權申請。然而有可能第三人在你提出申請前也已想出相似的設計，他的動作可能會導致你無法取得新式樣專利權，因此儘早提出新式樣專利權申請是最聰明的做法。

申請新式樣專利權

➡ 設計圖樣須確實表現出你的設計

很多創意人只是將自己設計的概念，交給一個繪製草圖的人，畫出一整套從不同角度透視該新設計物品的圖樣，然後就依此提出申請。但要注意，在送出申請書前務必確認經他人繪製的圖樣已清楚地表現你精心創造新式樣專利的整體設計。

通常新產品的特徵應具新穎性，但有時新產品的整體設計可能包含現有產品的外表特色再揉合創新的特徵。申請時避免將舊有的外表特色包括在內，將既有產品的特色加入自己申請專利範圍會讓商場競

爭對手有機會小幅修改該現有的特色後放心地抄襲你的作品。

　　就像在智慧財產領域中的其他權利一般，你必須仔細思考在你的設計中哪部分是新穎而獨特，這正是你應該要申請保護的，然後才能在申請書中精確的說明所要保護的設計。舉例來說，如果你要保護的是一款新香水瓶的設計，但是瓶蓋是用舊款的，那麼就不要將瓶蓋包含在新的設計式樣裡。

◆ 具有獨特性的設計

　　如果申請書所附的設計圖樣只是零星而未完整展示新式樣產品，審查官員將因無法理解新式樣產品的整體性而拒絕申請許可。因此審核機構會訂有規範，要求提出新式樣專利權申請時，應如何描繪自己的產品與包裝的設計。例如新設計物品中非屬專利權申請範圍內的部分使用虛線來表示，審查官員就能瞭解新設計是用在怎樣的物品上，也清楚知道申請新式樣專利權標的的設計範圍是什麼。

T 臺灣目前並未核准申請部分新式樣專利，故以上的繪圖方式不適用。

　　新式樣設計範圍幾乎可涵括市場上的所有事物，因此要如何突顯最細微之處，以及該如何確實展現等都會因物品所屬類別不同而有差異，智慧財產權專家以及繪圖專家都應該很熟悉這些規範。如將新產品的照片貼妥在申請書內，智慧財產局也可接受該產品各種角度的黑白照片。不過除非產品的所有特點都是創新的，否則最好不要用照片方式表示，因為此種方式表示照片中的所有物品都是要申請新式樣專利權的標的。譬如在照片中，新設計物品是置於桌上，但你並未說明桌子不是設計的一部分，因此審查官會假設桌子是設計的一部分。相同的情形適用於相片中的倒影、產品上所標示的商標，以及在相片中

顯現的其他組成單元。

　　有些國家新式樣專利權不須經過實質審查即可取得。

 在臺灣新式樣專利都必須經過約 1 年的實質審查才能取得專利權。

小心使用彩色照片

　　彩色照片只能用在當某一個特定顏色是設計的主要特色時。記住，如果在申請時展示的產品將顏色當成是新設計的一部分，對手就可能抄襲作品的輪廓，但採用不同顏色以避開侵權的指控。我們不建議使用彩色照片，除非色彩真的是該設計中的一項真實特徵。

➡ 審查意見書與發證

　　一般常見的官方疑問都與申請提出的圖樣有關，因為這正是新式樣專利權申請書的主要內容。

　　官方完成審核後，申請人會收到專利證書。這個重要時刻，值得請自己喝一杯椰島風情雞尾酒慶祝一下，但請記得要按時支付年費。

　　新式樣專利權取得後，權利人擁有在設計圖中描繪出新穎式樣的專用及販賣權利，其效力自申請日起 12 年後屆滿，每年須支付 1 次年費。專利人在有效期內並無使用該新式樣設計的義務。但若你想將新式樣專利權延伸發展為商標權，則必須要多多使用了。註冊的另一項好處是專利權人雖已停止生產該新式樣產品，但若有人在有效期內竊用你的設計，你還是可以採取法律行動，且競爭對手不能因為你沒有使用該項註冊的新式樣專利權，而挑戰你的權利。

新式樣專利權的侵害保護

新式樣專利權的侵權判斷標準，在於該涉嫌侵權的設計，是否對見聞廣博的消費者造成相同來源的印象，這是基於消費者可能會因二項設計類似造成混淆而遭欺騙。混淆判斷最好由專業人士處理，建議可諮詢智慧財產權律師。

如確有侵權的事實存在，律師一般都會先寄存證信函警告侵權者。如果對方仍然仿冒抄襲，將啟動法律程序以排除侵害。

選擇性提出告訴

請謹記在心，專利權人沒有控告每一個侵權者的義務。因為訴訟成本可能十分昂貴，你或許可選擇盯住較大的侵權者，產生殺一儆百的效果。

或許你早已從人生經驗中得知，在利益至上的社會，仿冒者可能會在看到你的設計當下就開始抄襲。如果這事發生時你已提出註冊申請，你應該要寄警告函給對方，但你不需要說明新式樣專利權預計何時會被核准。仿冒者考慮到他的投資在你的申請核可後會全部泡湯，應該會停止抄襲行為。

過當的威脅

在警告仿冒者時要特別注意，不要被認定做了過當的威脅，應該要聽專家的建議草擬一份適合的信函。

　　如果仿冒者在收到警告函時仍不停手，記住在正式取得新式樣專利權前，你尚無立場採取法律行動控告對方，你必須跟律師一起確認對方確實用了你的設計。申請書的設計繪圖中表明的特色是非常重要的關鍵，如果競爭對手在新式樣物品上加了其他東西而使外表看起來有差異，這並不表示你的新設計沒有被抄襲，即使對手改良設計，但這也不表示競爭對手是被允許抄襲已取得保護的權利。當然如果對手的改良品沒有用到你的專利內容，這就是法律以外的問題了。

　　如果你已取得新式樣專利權，並可確認這些複製品侵犯了你的權利，就應該要寄出一份措詞強硬的警告函，要求對方停止此類複製產品的生產與銷售，你也可以依此仿冒行為要求金錢賠償。如果你在此時已經成功地銷售專利產品，也可能已取得商標權，這也彰顯了對智慧財產權要有整體性的計畫並發揮保護作用。先瞭解對手侵犯的範圍，因為新設計也可能涵蓋商標標識、著作權或發明專利的保障；或對手僱用你的離職員工，藉此使用屬於營業秘密的重要機密資訊。如果是個理性的對手，他會瞭解抄襲你的作品已鑄成大錯。

　　送出警告函後，可能會收到對方陳述法律責任的回信，針對你主張的權利提出批評挑戰，信中亦可能透露願意和解的訊息，從實務經驗中，選擇和解應優於啟動訴訟。

訣　竅

◆所有權

　　當你委託別人去創作一項設計時，如果沒有特別約定，受託人將擁有新式樣專利權。這與著作權作品的委託關係相似，即作品的創作者擁有著作權。

◆整　合

　　只要符合各種權利的申請要件，創作人對自己的作品可同時主張著作權與新式樣專利權，這種整合不同類型的智慧財產權對於提升保障自己作品的範疇是很有用的。

營業秘密

什麼是營業秘密？

所謂營業秘密是指機密性的商業資訊，如專業技術、製程、配方、程式、電腦代碼、設備、客戶資料以及其他足以在商場上提升競爭力的機密資訊。當你到 SOGO 百貨公司的化粧品專櫃買瓶香水，閉上眼睛，並深吸一口氣，除非你得了重感冒，不然你應該可以感覺到不同價格的香水味，或天然香味與合成香水 (Synthetic Fragrances) 氣息的差別。接著你走去鼎泰豐吃點心，享受它風味特佳的著名湯包，再來，意猶未盡地想享受中西不同風味，就走向地下街高檔酒窖品嚐與便利商店陳列的一般紅酒不能相比的昂貴法國紅酒。在你聞過高級香水味，享用過風味極佳的點心與美酒時，其實你已不自覺地踏入營業秘密的地盤。

如果你是廚師、點心師傅、釀酒師、巧克力師傅、調香師、電腦程式設計師，或是其他依賴神秘食譜、配方及特殊技術等知識來區隔他人產品者，你就能理解到要學習這些知識的入門基礎需要花很大功夫。何況成功者須投入更多心血將入門基礎發揚光大，開發出足以明顯區隔他人產品的獨家秘密，而這些秘密則是具有價值的商業資產。

當然，你想保密的資訊可能不止於自行獨創的食物、甜點、美酒，及香水的食譜、配方與生產技術。為了擴大商業秘密的價值，你一定有一份忠實客戶的名單及經不斷過濾後可信賴的供應商名單，這些人幫助你有效製造及銷售產品。成功的企業家知道許多經營訣竅，即不僅是將好產品製造出來，更關鍵的是經由最好的通貨管道將產品銷售給最理想的客戶。產品或服務好壞當然重要，但銷售的專業知識是決定成敗的關鍵。

　　神秘的食譜、配方、技術、機密的商業資訊以及專業知識等都能幫助你生產商品及有效率的將產品推入市場。基本上，只要這些獨特知識不是藉由書本、專家諮詢或購買現成的電腦程式獲取，都屬於營業秘密的範圍。再次強調，這些資訊是有價值的，因為需要花費相當多的時間與精力去開發，所以是屬創造者個人的資訊，而且它能增強競爭力，因此也是事業的有價資產。

　　營業秘密給人間諜故事似的神秘形象。確實它帶有神秘氣氛，即只有少數特權者，能夠一窺營業秘密的全貌。這些人想盡辦法保護這機密，而對手則盡全力設法偷竊這機密。舉世聞名的可口可樂配方——Merchandise 7X，就傳說只有在美國亞特蘭大可口可樂公司的少數人知道。肯德基炸雞的特殊配方，也只有少數高層者知悉。若將這種有價值的營業秘密透露給他人，將構成洩露機密罪。

　　機密性就是保護營業秘密的核心概念。如果資訊已公開，或是屬於公共財，就不具機密性，當然也就不在營業秘密保護的範圍內。

　　營業秘密的保護，與新式樣專利權或著作權保障的前提不盡相同。舉例來說，符合營業秘密保護的資訊，本身並不一定要具「新穎性」或是「在實體的媒介上表達」。最有機會得到營業秘密保護的是那些無法輕易或準確的還原工程推衍出來的資訊或概念。

　　營業秘密是非常有價值的，無權濫用會招致嚴重後果。如元件設計軟體公司的工程師離職後另組一家競爭公司，證據顯示他們帶走了原本所任職軟體公司最具價值的原始碼並使用之，這種偷竊行為是嚴重的違法行為，將可依刑法起訴，且須支付賠償金。又員工的偷竊行為不只侵犯營業秘密，通常也侵害著作權。

　　營業秘密在專利權申請提出前，常被用來保護新的技術。如不將營業秘密公開，這種保護是無限期的。但如因為專利權申請而將技術

秘密公開後，營業秘密的保護就會終止。

◆營業秘密的範例

可口可樂的 Merchandise 7X 是全世界銷售最好的汽泡式飲料配方，也是營業秘密的最佳範例。香水配方也屬營業秘密的保護範圍。電腦程式、新產品的概念、專業技術知識、電視連續劇的創意、客戶及供應商名單、商品製造方法、財務資訊、行銷計畫與策略、專業民調機構自創的調查方法、食品的成分及製造方法等均屬之。

如何證明已經得到營業秘密的保護？

營業秘密不須註冊登記，定義上它是屬於個人的秘密資料。因此如果別人竊取營業秘密而產生爭議，創意人就須證明自己在哪個時間點就已創造並擁有了這項商業秘密資訊。美國成長最快的社交網站 "Facebook" 創辦人札克伯就面臨他哈佛大學的三位同學控告他剽竊成立社交網站的創意。

◆妥善保管機密資訊

你必須要能證明自己已善盡營業秘密保密的責任，要保存自己做了哪些措施確保營業秘密受到合理保密的記錄。例如營業秘密的配方是放置在保險箱、從保險箱中取得營業秘密的嚴控程序，及訂定使用營業秘密的詳細方法，都是很好的措施。

接觸營業秘密的許可應受嚴密限制。若必須與他人分享此項資訊，所有文件上都要清楚加註「機密文件」字樣或要求對方簽署保密函，

嚴控機密性資料或設備的外流。除非外人簽署了保密函，否則不要讓他們參觀生產設備或有可能透露營業秘密的區域。

除非是工作需要，不要隨意讓你的員工有機會接觸到營業秘密。同時隨時保持何人在何時以及其接觸營業秘密理由的完整書面記錄。

專利權及著作權的保護

營業秘密的保護與專利權及著作權的保護經常是重疊的。請參考本著作有關著作權及專利權的討論內容。

➡ 保密函 (confidentiality letters)

當你向他人揭露你的營業秘密時,請確認對方明瞭他的保密義務。最好的證明方式就是要求接觸到營業秘密的人，都簽署一份保密函，表示他確已被告知所接觸者為營業秘密，並承諾保密責任。也難怪自網路興起以來，網路精英們都會在商業聚會中將保密函當成名片一般地散發使用。切記，為了商業上的安全及法律的考量，知道商業機密內情的人越少越好，即使是廚師的助手也要請他簽署保密函，不要不好意思，事關你招牌名菜的獨家食譜呢!

當面對大公司時，你會遇到頑強抵抗，跟大公司談商業合作時，他們可能會不願意簽保密函，或許是面子問題，更可能是他們也正在研發類似的商機。在這種困境下，可考慮揭露部分營業秘密或其會產生的最終結果，但仍將營業秘密的核心內容，即基本專業知識保密。這種做法有時是有效的，但有些營業秘密是無法將其專業知識的核心內容與其產生的最終結果分開。

與大公司對談時還有其他選擇。如你認為揭露機密是換取潛在巨大商機利益的必要風險，或是你能另外提出專利申請取得保護，你也可以在原始資料上註明著作權的版權所有。請記住，如同其他智慧財產權一般，營業秘密的保護亦是「預防重於治療」。

➡ 保存良好的記錄

對於商業資訊發展各階段中所產生的機密資料，務必保有詳細的書面記錄。營業秘密沒有正式申請登記程序，個人的記錄以及妥善保存這些資訊將有助於證明你在某特定時點已擁有機密資訊。這些資料務必保存在極安全的地方，只有你最信任且已簽過保密函的人可以接觸它。

營業秘密的侵害

假使負有保密義務的人將你的營業秘密洩露出去，這就是侵權，就如同闖入你的私宅一般，都是觸犯了法律規定。

訣　竅

➡ 要選擇營業秘密或專利

如果有一項營業秘密是創新的、新穎的、獨特的，你應該要考慮假使用專利權來加以保護，是否會比較有利。

所謂還原工程指的是當你的競爭對手經由仔細的分析，能夠找出你產品的獨特成分、該成分的組成以及各成分的使用量。如果你的秘

密內容是能夠依此推衍出來,你應該要謹慎考慮是否要提出專利申請,以免其他沒有經過深度研究開發的競爭者到智慧財產局搶走你的權利。偷襲你權利的先占者 (pre-emption),能將你排除在競爭市場外。

然而如果你的發明是無法被還原推衍出來的,主張營業秘密會提供你比較好的保護途徑。將你的發明當做營業秘密來保護,可以為你帶來很大的競爭優勢。

作為營業秘密,你的發明將不受限於發明專利權保護的 20 年期限,而是只要將之保持在機密狀態下,將會永遠有效。例如可口可樂的神秘配方已經超過 1 百年,到現在依然強勢。另一個額外的好處是你的發明並不需要像取得專利權保護一般要向大眾揭露。這可以保護你避免模仿者或侵權者的傷害。總而言之,營業秘密保護的長期成本,遠低於取得並維持專利權的成本。

如何整合我的資產?

你可能會考慮整合各種不同的智慧財產權,透過謹慎計畫的策略,確實能提供比依賴單一權利更多層次的保護。

舉例來說,你可以將自己發明中無法被還原工程還原破解的那部分,以營業秘密的方式保護,而其餘可以被破解的部分,就提出專利權申請。如進一步研判,某部分也可能符合著作權保護的資格。

隨時都要考慮到所有可能的情境,以確保權利保護能達到最大的涵蓋範疇。例如某些電腦程式會同時符合營業秘密、專利權以及著作權保護的資格。

請銘記在心,如果你向智慧財產局提出專利權申請,你就必須將自己的發明公開,營業秘密則沒有這種公開揭露的要求。

專利權

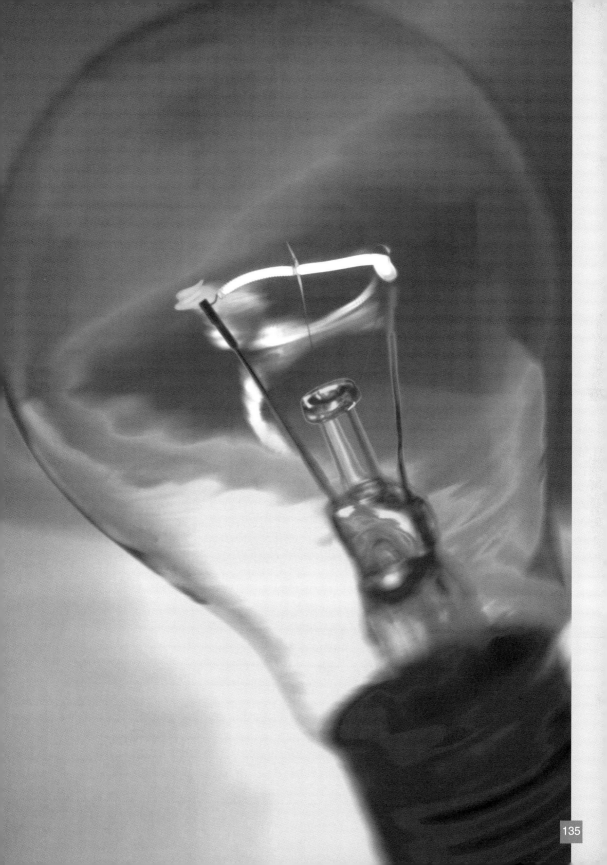

什麼是專利權？

在夜晚當你關了檯燈，沾上枕頭，在你腦海裡閃過的一個念頭是這個號稱有特殊助眠功能的枕頭不知道有沒有取得專利權？你睡的舒適床墊是否有專利權呢？是誰研發睡前助眠藥 STILNOX？床頭的檯燈是否取得專利權？別忘了還有那省電長壽的燈泡！

不管你身居何處，如果看一下四周，很可能在周圍就有好幾個已經取得發明專利的物品，例如你坐的多功能椅子、地毯的特殊織法、書寫的拋棄式原子筆。如果在海灘上閱讀本文，你所躺的沙灘椅、遮陽傘的材質或是防曬乳都很可能是專利品。假使你坐在書桌前，你的電腦硬體跟軟體肯定有專利權。朋友來電，不管是經衛星系統或是地面固網系統傳輸，以及所使用的手機，也都會包含專利品。

並不是穿白袍且在安靜的實驗室專心工作才能發明新東西。事實上一般普通人，像是你朋友的母親，或是你自己，都有機會發明新創作。例如在墾丁打著赤膊開著敞篷吉普車，在陽光下奔馳於小尖山周圍的原野道路，好不瀟灑自在，突然間你感到左肩刺痛，原來在顛簸行進中，硬質的安全帶把皮膚磨破了，多掃興啊！這時想到如果安全帶上裝塊軟墊那該有多好。假使你將這簡單的念頭去申請專利權，你就會是個令人羨慕的「發明家」了！發明如果是一項創新且對大眾有使用價值，並與現有的其他物品顯然不同者，就可受到專利權的保護。

能夠創造新發明的人多少都受現有事物的影響。他們天資聰明且受到成功的激發，願意花費時間與精力在現有的基礎上，並找出新創意。每個人都有創意或夢想，但發明家則是將這些在腦海中的創意或夢想，轉化成可用的實體物品或生產方法，這是發明家與徒有創意者

的不同。基本上，發明家有足夠的技術與天賦，用他們的創意與夢想來建立新事物或創造生產流程。

並不是只有破天荒的偉大發明才受到專利權的保護，世間任何事物永遠都有改進的空間。你可以將已經存在的物品加以改良增加新的功能，或讓它們操作更簡單、更便宜或是更有效率。你也可以將基本的發明再發揚光大，例如燈泡雖然是偉大的發明，隨後發展出的雷射光技術卻帶來更不可思議的醫療效果。

任何一個有原始創意並且願意花費時間與精力將這些想法變成可用實體者，都可能是發明家；或雖非原始創意但能在既有事物基礎上加以改良為新品的，也是發明家。如果你是創意群中的一分子，應該要知道如何保護你的發明，以及取得應得的報酬。發明不僅靠天分，還要有不屈不撓的努力。

專利權基本上是保護科學或技術領域中新創的產品，以及經改良的產品或生產方式的發明。

Ⓣ 臺灣專利法保障範圍為發明、新型及新式樣專利。本章係討論發明專利及新型專利。

專利權帶來的權益對企業主是非常有利的。發明人在取得專利權的國家內享有製造、使用或販賣自己發明的專用權，並排除他人競爭。換言之，專利權人能阻止其他人使用其所發明的方式製造、販賣該項新產品。

Ⓣ 在臺灣這種因發明而取得的專用權利可從專利申請日起算至 20 年後為止，新型專利則為 10 年。

專利權可涵蓋任何的技術層面或產業類別，一般多發生在電子、生物技術、軟體、化學及醫療領域。在日常生活中，成千上萬在商店或商業活動所經常看到的商品都可能是專利品，如維他命丸、平面電

視、分離式冷氣機、汽車的雨刷、下載音樂方法都是。專利也包含高
科技的衛星通訊系統、心臟支架及人工關節，以及將支架等植入人體
內的方式。

◆ 專利權範例

電話、燈泡、亞馬遜書店的快速結帳系統 (one-click checkout)、威
而剛藥丸、微軟的視窗軟體、吸塵器、風浪板、樂高積木、拋棄式隱
形眼鏡、人工心臟、路面反光條、電腦滑鼠及鑽石切割方式等均屬之。
電子用品及電腦軟體更內含多種不同專利權的保障，例如新版的免費
使用程式 Adobe Acrobat Reader 就至少擁有 40 種專利，而 AltaVista
公司則擁有超過 50 件搜尋引擎的專利。美國最高法院有句名言：「在
太陽下由人類所製造的任何事物 (everything under the sun that is made
by man)，就技術面而言均可申請專利權。」

◆ 專利權保護內容

專利權保障新發明的產品及其製造方法與對物品的形狀、構造、
裝置改良之創作。專利可排除他人製造、使用或販賣你的發明及創作。

專利權有效期過後，發明及創作就可供任何人製造、使用以及販
賣，因此須在專利有效期內發揮最大的經濟效益。申請前要記得應保
留無法被還原破解的那一部分發明，並以營業秘密方式保護之。

> *T* 在臺灣新發明的專利有效期是自申請日起 20 年，新型專利則為 10 年。在這期間需要
> 繳交年費，以維持專利權效力。除少數例外的情況（例如醫藥品或農藥品的專利），專
> 利權在 20 年期滿後不得延展。

一家公司用多項專利來保護單一產品是很常見的。對已取得專利
權的產品或生產方法所做的改良，亦可取得新專利權。公司用這種改

良方式能取得可涵蓋較長時期的專用權，如藥品專利權到期時推出改良後更有藥效的產品，以維持既有的市場優勢。消費者與專利權人都可從改良產品的努力事實中受益，專利權人對現有產品不斷改善可帶來新的專利保護，有人稱之為「計畫性的汰舊換新」(built-in obsolescence)，這也代表著發展與進步。

專利權能阻礙競爭對手製造、使用及販賣你在申請書中所主張的權利。擁有優勢的競爭力將能開發眾多忠誠的消費者，這些忠誠消費者即使在你的專利權到期後，仍然只會想要使用你的產品。若是大眾對專利商品需求大於你所能供應時，你可以授權的方式委請他人生產，並收取權利金。

增加價值

專利的價值不限於在其有效期間內，應該為自己發明的商品創設商標，藉著優良產品的暢銷，也同時建立商標權的基礎。專利權到期後，則可利用已具商譽的商標為推銷產品的利器，並可向商標使用者收取權利金。

◆ 專利權申請書內容

摘　要

第一次看到專利權申請書時，通常會摸不著頭緒，申請書會有一份「摘要」，但是不要用摘要來評斷一份專利申請，請仔細閱讀才能真正瞭解其內容。一份專利文件通常分成好幾個部分，內容長度因標的物本質而不盡相同。

T 在臺灣要申請專利，可參考以下網頁的例子：www.tipo.gov.tw/。

圖　式

專利文件通常伴隨著一份詳細的圖式，清楚且精確的顯示出該標的物的各個態樣，同時提供了對該發明的詳細背景資料，使人們能瞭解這項發明如何符合真實世界的需求。文件中也說明了發明人的思想創作及其原因，以及作品為什麼是創新的，而又是如何與其他既存的物品有所不同。

發明說明

摘要之後伴隨的是發明說明，解釋圖式中的各種元件，以及其間的相互作用。

申請專利範圍

發明說明之後是一系列編號的段落，請仔細謹慎並有系統且精確地闡明究竟是什麼發明。這個部分稱為「申請專利範圍」，提供了符合法律「發明」定義的檢驗基礎，也藉以標示發明涵蓋的範疇。申請的專利範圍一般都不易瞭解，因為其敘述都十分瑣碎。然而就像讀莎士比亞的作品一樣，花個幾分鐘細讀專利範圍說明後，就能瞭解其內容。即使是純技術性的敘述，也是很有道理的。不過專利權申請書的所有事項必須整體閱讀，才能清楚地確認發明內容，並正確地瞭解申請專利的範圍。發明人對專利權申請書的撰寫必須全心努力為之。

➡專利權涵蓋的範圍

你無法依賴一個已經存在的舊東西取得專利權，但任何新東西都有包含一項或甚至多項新發明的可能。基本要件是：

◎新的產品（也就是有新穎性）。

◎創造發明的產品。

◎具有產業上的功能與用途（也就是有產業使用價值）。

有些創意可能是符合這些標準，但是無法取得專利權。在臺灣這些創意包括：

◎動、植物及生產動、植物之主要生物學方法。但微生物學之生產方法，不在此限。

◎人體或動物疾病之診斷、治療或外科手術方法。

◎妨害公共秩序、善良風俗或衛生者。

◎文學、藝術或是音樂作品（這些作品能夠以著作權來保護）。

商業方法專利

　　商業方法專利涵蓋做生意的有效新創方法。例如亞馬遜書店的快速結帳方式（一按滑鼠就結帳），或銀行貸款授信內部的審核機制。商業方法專利在美國是自網路達康 (dotcom) 時期起就常用的名詞，臺灣的法律與許多國家相較之下，對商業方法專利之保護更為自由。在這個數位時代中，商業方法專利將對商業方法的保護與其他更大範圍的發明間，建立相當的連結。在美國商業方法專利保護的範圍擴張到極點，因而被批評為「愚蠢的標準」(silliness standards)。例如頒發專利給「一種用影像及音效檔案執行測試、評量、調查及訂定課程計畫，並將其放置到網路上的方法」，或是頒與僅用展示圖片方式來訓練清潔人員的方法。英國及其他許多歐盟國家仍未朝著類似方向擴展專利權標的範圍。

取得時間上的優先

　　如何證明自己是第一個發明者，所以應取得專利權？答案非常簡單：「用最快的速度到智慧財產權局去申請。」時間對於專利權是極其重要的，因此你必須要在競爭對手先馳得點前，提出專利權申請。尤其如新發明不適用營業秘密或其他形式的智慧財產權保障，你應在最短時間內向智慧財產權局提出專利權申請。

　　專利權的正式申請日期極為重要，如果你之後想申請外國專利，這個日期就會成為優先申請的日期，一般專利權有效期亦從申請日起算。

➡確定權利是屬於你的

務必確定專利權是屬於你的。如果你本人就是專利權申請書中所註明的發明者，你也就是法律定義的發明人。

孤獨發明家

天才發明家孤獨地在閣樓中工作的情景現在已經十分少見。發明通常都是多人聯合行為的成果，或是在開發過程中主要發明人接受其他專家所提供的協助。

每個人都會想出一些自認為偉大的構思或創意。但單以構思或創意是得不到專利權的，你必須將創意從你的腦海中汲取出來，落實成為實際有用的產品或用文字敘述生產程式，這需要許多的努力與時間，同時也是夢想家與發明家最大的不同。兩人一起努力工作，宣告共同發明一種事物是常見的事。這種合作狀況可能發生在朋友間，也可能出現在一個研發環境中，大家都朝向一個共同目標努力。

不管發明是由你個人單獨在車庫中完成、與朋友一起用餐時在餐巾紙上寫下的，或是在穿白色外套戴髮網的密閉實驗室中完成，你都必須在專利權申請時將發明人個人或整個團隊的姓名正確列出。如果你未參與發明，千萬不要為了炫耀、自大或提升工作機會而堅持要將自己的名字列入發明人之中。但如果你真的是發明人或是發明團隊成員之一，也不要讓自己的名字被遺漏。在專利權申請書中，若是發明人的姓名不正確，或是提供了不完整的發明團隊名冊，將會危及專利權。

自己的發明在市場上獲得成功之後，你最不願見到的是很多主張曾有貢獻的人都突然出現了。如果可能的話，你應該促使貢獻不大的參與者或是外包工作者，在開始時就將他們對該發明得主張的權利轉讓給你，這樣的動作可以幫你鞏固對該專利的完整所有權。

鞏固你的所有權

在團隊共同工作的情況下，要如何鞏固自己的所有權是件非常重要的事。你必須要將發明人數正確算出，並列出開發過程參與的發明團隊及對發明有貢獻人員姓名。如果你遺漏了任何一個名字，將會危及到專利權的有效性。

發明人並不等同於專利權人

發明家並不一定就要分享專利權的成果。專利的發明人與專利權人其二者性質並不相同。發明者可以透過訂定權利移轉合約的方式，將權利轉讓與他人。然而發明人將權利轉讓後，並不是說他們就不再是發明人，只是他們放棄自己發明的專用權利，轉讓給受讓人去申請專利權。專利專家會協助你處理這類看似簡單，但實際上因人性的自我自大而具複雜性的工作。要確實防止負面人性因素影響專利權的申請，否則一切努力成果都將化為泡影。

◆ 燙手山芋：雇主與員工的權利

員工在僱用期及工作範圍內所開發出的發明通常是屬於雇主，這是個常會引起誤解以及尖銳對立的議題。

如果你在企業工作，或是擔任承包商或技術資詢顧問，在被僱用時可能會被要求要簽署一份合約，聲明你個人的發明或是對發明的貢獻，其權利都屬於雇主。這種事關本身權益的文件，一定要請律師仔細審核、解說，這樣你才能充分瞭解自己到底放棄了什麼權益。

認清自己的地位

仔細閱讀雇主要求簽訂合約的內容，要確認自己仍保留與工作無關或在工作之餘創造的發明。如果同時服務多位客戶擔任顧問工作，確定職務範圍在不同合約中均有詳細說明。沒有人會樂見 2 個以上的雇主同時告訴你有義務要將相同的一項權利各別轉讓給他們。

如果你是本行中的好手，你應爭取一份讓自己在專利權中佔有一席之地的合約，假如你創造出一項傑出的發明，法律可以助你一臂之力。例如僱主依受僱員工的發明取得了專利，法院可能裁定僱主因此項專利而取得「顯著的利益」(outstanding benefits)，因此員工將有權請求「專利利益中的一份合理報酬」(fair share)。

申請專利權保護

➡ 具有新穎性

發明必須是全新的或是具有新穎性才能取得專利保護。換言之，若與專利申請提出前社會大眾已得到的公開資訊為相比基礎，你的發明必須是創新的。申請日前就已經揭露給大眾的資訊，稱之為「先前技術」(prior art)，包括他人或你自己的努力成果。先前技術中所稱他人的努力成果係包括在世界各地已發表的作品。如果這些先前揭露的資訊已包含了你宣稱是個人發明的事物，那就抱歉了，你將無法就此項發明取得專利，這是世界各國的標準審核原則。先前技術也包括在新發明提出申請前已經公告的專利申請，因此發明必須搶先登記，這也是專利檢索非常重要的原因。

相較於所有先前技術，你的專利申請必須是新穎的。這項申請要件聽起來有些令人膽怯，然而新穎性的要求並不是那麼絕對地嚴苛。只有在你主張發明的特色或是你申請專利的內容與已揭露的先前技術完全相同的情況下，專利申請才會核駁。

➡ 創造發明

　　發明不能只是顯而易知地修改先前技術，必須將一項有創意的概念具體化，並且與已知的先前技術有明顯差異。專利申請時，這是你必須在智慧財產權局審查官面前跨越的重要門檻。

　　你必須要說服審查官，申請的發明包含相當程度的技術創新或創造性的概念，因而與引用核駁的先前技術資料有顯著的差異。你可以修正申請專利範圍的用字，但當你這樣做的時候必須小心，因為這可能在縮減自己的專利申請範圍。

　　新發明是否只是顯而易見的修改或確具發明性，二者間並沒有很清楚的界線。專利的研判標準係參照所屬技術領域中具有專業知識者的評估，認定該項主張確屬發明。要如何準確拿捏這樣一個虛擬式的評估，其實是有點難以捉摸的。基本上這樣一個虛擬的人物應不是該技術領域最頂尖的專家，也不是週末到你府上打零工的修補工人，而是該相關技術領域有一般技術水準的人。這樣的解釋，希望有助於你衡量自己的創意是否符合發明性的要求。

➡ 具有產業上的功能與用途

　　發明要能在某個產業中製造成產品。雖然將自己的發明造成一個原型是不需要的，但一定要確信自己的發明會如同專利權申請書所敘述的方式及效果發揮功能。

如何保護自己的發明?

　　當你有了一個可以製造新產品，或改良性產品或改良式生產流程的概念時，馬上去諮詢專利專家。

　　與未經註冊而依據法律規定可取得的商標權（如英國）以及從創作的那一刻起就擁有的著作權不同的是，發明是在經申請取得專利權時才受保護，發明家會先與專家討論釐清自己的發明內容。如果專利專家確認你某些創意可以受到保障，記得要請他儘早到智慧財產權局為你提出專利權申請。

　　個人的某種行為可能導致自己的發明失去專利權的資格。如在提出專利權申請前，以任何形式將個人的發明公開揭露，無異是對自己原可獲得的專利權丟下一枚 10 噸重的炸彈。換言之，如果你的專利權申請沒有在公開揭露前提出，你垂手可得的專利權將會變成碎屑隨風飄去，千萬不要讓這樣的事發生在你身上！如果你計畫要公開自己的發明，記得要讓專利專家知道，這樣他才知道如何妥善處理那 10 噸炸彈的引爆時間。記住，自己的疏失將是發明的最大敵人。

　　建議選擇優質專利代理人，協助審查官員瞭解你申請案的特色，也會使申請過程走來更為順暢。

 在臺灣專利申請人可到下列網址選擇專利代理人：www.tipo.gov.tw/。

　　專利權正式提出申請的日期，也是獲得全球性保障的關鍵。如果你是在首次申請案提出後的 1 年內在外國提出專利權申請，你可以把該第一次的申請日當做外國的申請日，取得優先。

訣竅

尋求專業協助

　　如果在臺灣有住居所或營業所，你不需要有律師亦可提出專利權申請，發明人本人就可以自己申請。但最好不要這樣做，應尋求登記執業的專利專家協助你提出專利申請。

　　再次提醒創意人，專利權申請越早提出越好，如果你身處在快速成長的產業領域，任何的耽擱都會讓別人超越在你之前提出申請，而他們所取得的專利權會對你產生無可挽回的不利影響。

不要公開你的發明

　　有些事值得一再重申，而這就是其中一件。我們加了一點調味料，用不同方式說明，以免你覺得無聊。這條重要準則聽來是很簡單明瞭且應該是易於遵守的，但事實上並非如此。如果你是一個創造型的天才，你可能會對自己創新概念十分在意而自傲，希望四周人都知道你是天才。打個比喻，如果在雞尾酒會，我們向每個尋求專利諮詢並在過程中將他們的發明內容細節輕易揭露的「天才」們每人收取 1 千元的話，我們現在已經可以退休，並且悠閒地住在熱帶小島上享福了。請注意，輕易地「揭露」你的發明真是一件很愚蠢可笑的事！

　　在會議或是雞尾酒會中與老朋友聊天；在自己的網頁、聊天室，或是在一份不是廣為流傳的技術新知通訊上發表與自己發明有關的簡短討論；在學術性會議中的演說，或在新客戶面前描述自己的發明，你就已經違背了不可公開的要求。換言之，如果你在提出專利權申請前就已口頭上透露自己的發明、展現它的優異、宣傳你的發明或出版相關文章，這就是公開揭露自己的發明，要再去申請專利權則為時已晚。

　　如你不可避免地需要與某些人討論你的發明，例如可能成為事業夥伴者，在開始跟對方描述發明之前，請要求他簽署一份保密函。

　　所有與營業秘密有關的保密條款在這裡都適用。事實上，在這種狀況下，營業秘密與專利權的保護二者間是重疊的。你的發明在專利權申請被公開之前，可以用營業秘密來保護，因此請參考在營業秘密那一章列出有關保密的建議。

與專利代理人討論案情是受到職業保密要求的保障,因此即使在沒有保密協定的狀況下亦可進行討論。

➡ 保存良好記錄

當你試著將自己的創意發展成一項可以申請專利權的發明時,應該要將此項發展過程保留詳盡的記錄,這樣的做法在本質上是屬於避免將來可能發生的麻煩。發明人對於自己研發的事物,最後可能決定不申請專利權,但會在自己的工作事業中使用。如果其他人以同樣內容取得專利權,他可能會控告你侵權。在此種情況下,如果你能透過詳盡可靠記錄,證明自己早就已經從事與對方申請專利權範圍內容相同的事物,你的使用範圍可能會被視為一種先前技術因而解套。

如上所述,免於這類麻煩的最好做法,就是保留自己每天完成研發活動的詳盡記錄。要在每一個工作階段結束後,在記錄筆記的每一頁簽名並加註日期。為加強記錄的可靠性,找一個證人在同一頁簽名且加註日期,證明該頁的記錄是真實的。不過你要格外小心並要求證人對所揭露的任何資訊都要保密。證人是確認他們在簽認這些記錄的當天,確實以證人身分看到這些資訊,所以應要求證人簽訂保密約定。

➡ 專利檢索

專利檢索在提出專利權申請前就要進行,以避免在發明上花費巨額投資成本後,卻發現自己的發明因為不是「新」的而無法取得專利權。但即使檢索出一堆與你的發明似乎類似的專利,希望還是有的。例如你可以用適當文字表達自己的申請專利範圍,與檢索結果發現已存在的類似權利有所區別。檢索的結果也有助於你修飾申請書中的用字遣詞,並幫助你針對許多仍然有效的專利權間做「迴避設計」(design around)。檢索的不利在於費用昂貴且費時，況且當你仍在檢索的同時，可能已經有人搶先提出申請了。

檢索並不是一個十分精確的功能，因此無法保證採用檢索就必然會發現所有與你的發明有高度相似的先前技術。但根據實務經驗，檢索仍是防止浪費時間金錢的最周全途徑。

專利檢索基本上是將你自己的發明與既存且公開的先前技術做比較。專利檢索通常會利用公開的電子專利資料庫以及商業或技術公報的資料庫。

有 2 個主要的專利資料庫可供免費查詢國外專利資訊：擁有 5 千萬筆專利文件，由歐洲專利局管理的 ESP@CENET: ep.espacenet.com，及擁有 7 百萬筆專利權檔案的美國專利商標局資料庫：www.uspto.gov/patft/index.html。

T 在臺灣，中華民國專利公報檢索系統提供免費查詢本國專利資訊服務：www.tipo.gov.tw/。

當然如果資金不是那麼充裕的話，你不一定要聘請代理人，自己也可以利用這些資料庫來做檢索。然而檢索需要相當的耐心及細心，況且上述的資料庫（尤其是 ESP@CENET）的設計本身就有很大的限制，因此你想找出已註冊專利的細項就會受限。為取得完整詳盡的檢索結果，建議聘請專利專家幫助你執行這個重要的動作。

當然發明家通常是在特定領域最先端的技術環境中工作，通常他們都已很瞭解何種技術已經存在。這類從工作中知悉的資訊在草擬專利權申請書時，亦有幫助。

專利檢索使你有機會接觸大量的技術資訊。你會遇到對你不利的已存在發明，但也可瞭解到哪些領域尚有發明的空間。

善用專利資料庫

　　專利資料庫是非常有用的資源，它提供大量的技術性資訊，甚至包括競爭對手最新的發展消息。

 # 專利權申請程序

◆提出完整專利權申請書

　　終於到了夢寐以求的時刻了，所做的準備工作已確認你的發明可以呈現在智慧財產權局面前，並且將可獲得核准，還有可能頒與諾貝爾獎呢！但是事情並不是這樣順利的，因為你的苦工才正要開始。

　　正如我們在前面解釋過的，提出專利權申請，你必須要提供關於你發明的詳細書面解釋，也就是一般所說的「說明書」(specification)，你也要附上圖式。智慧財產權局對於圖式有非常詳盡的規範，不論商業性的圖式或是技術性的藍圖都不符合標準，應找一位專利圖式繪製專家，並依據專利專家的指示，為你準備圖式。

　　說明書與圖式是申請專利範圍據以依循的根據，申請專利範圍的重要性是毋庸置疑的。它是專利權的核心，必須清楚定出專利權保障的範圍以及其所相屬的專用權利。專利範圍一般是簡化成單句式的法律性敘述，藉由確實而清晰地描述發明的獨特技術特徵，並精確地闡釋該項發明的範圍。專利範圍必須是在極度慎重狀況下撰寫，而且要非常清楚、精確且前後一致的。

　　爭議發生時，申請專利範圍中的任何一個用字，都有可能決定你的專利權是否有效的重要考量。

　　申請專利範圍通常以廣泛的申請範圍開頭。換言之，即在避開與所有已知的先前技術重覆的前提下，將該發明人的保護網張開到最大的範疇。緊接在這個廣泛的申請項目後，是各項較為明確的主張，這些明確的請求會進一步細述發明的創意特色。申請專利範圍是否明確，與是否能精確地向他人宣示你的權利範圍，避免侵害你的權利是同等的重要。一個簡單的字，或是在申請專利範圍中的用字遣詞方式，會對評估競爭對手的產品究竟有沒有侵害你的專利權，帶來完全不同的結果。

摘　要

　　用一篇摘要簡短地說明發明的主要技術面向是必要的。這樣可以讓別人在檢索時，很快的得到你發明的相關資訊。

發明的說明

　　發明人知道自己發明的每一個細節，但所聘請的專利專家則否。以務實的角度來看，撰寫優質專利說明書的最好方式，就是由發明人本人先為專家準備一份發明的說明。因為發明人自己清楚所有的細節，所以就描述發明而言，他是站在最佳的位置。給專家參考的發明說明並不需要將所有細節都詳細列出，但要充分地傳達該發明的完整本質，在多數情況下，詳盡的圖式也是必要的。專利專家會依據發明者的說明書，將發明的基本描述撰寫成專利的術語 (patentese)，並草擬專業的專利說明書。

　　記住，專利權申請書必須要對發明有足夠詳細充分的敘述，並附上圖式，才能「充分」揭露該項發明。一般專利用語，「充分」(sufficient) 指的是可讓一個在相關領域「熟悉該項技術」(skilled in the art) 的人（即如前面提過擁有一般技術水準的虛擬人物），可以瞭解的程度。

要與專利專家密切合作

建議要密切注意專利說明書的撰寫。最好的專利權申請書通常是由發明人與專利專家通力合作的成果。

商業價值

專利權是最有經濟價值的一種智慧財產權。取得專利註冊的費用也很昂貴，專利權訴訟更是最耗費時間金錢的訴訟程序之一（尤其在美國）。舉例來說，大型藥廠常在其專利權過期後仍繼續打官司追訴（專利權有效期內的侵害，在專利權到期後仍有 2 年追訴期），因為訴訟結果有可能得到數以億元美金的損害賠償金。因此從申請專利權開始，就要仔細評估自己發明的商業價值，衡量風險報酬率。在衡量利弊得失時，你可能需要考慮以下因素：

◎市場需不需要你的發明？

◎對競爭對手以及他們產品所做的分析有什麼重要的發現？

◎推出產品的最好時機是何時？創意商品失敗的原因，多是因為市場推出的時機要不是過早不成氣候，就是太晚而被人捷足先登。

◎發明創造的成本效益如何？

◎尋求贊助開發投資人的可能性？

在你準備花錢開始申請專利權前，諸如此類的商業議題需要謹慎地檢閱。

專門從事行銷新發明產品的公司可能會願意進行一場市場可行性的調查，但有些行銷公司的聲譽並不是那麼好。

 在臺灣如果你想要瞭解此類行銷公司，可先查詢臺灣技術交易市場資訊網，取得與這些領域相關的資料：www.twtm.com.tw/。

➡專利權或營業秘密

在你急著跑出門去諮詢專利專家前，先暫停一下，想一想你的發明是不是亦能以主張營業秘密的方式取得保護。

雖然專利權可防止他人利用你的發明而造成商業上的競爭，但專利權並不是永遠有效的。有些情況下，一項發明在商業價值上的重要性會在專利權到期前就已經過時。但是如果你的發明是那種人們在未來數十年都會使用的，將它當成是營業秘密來處理會更適合。又要引用可口可樂配方的例子了，這項配方從未取得專利，而且是只有少數人知道要在碳酸飲料中加些什麼，才能創造出可口可樂好味道的營業秘密。

採用營業秘密這個保護途徑，會讓你更具競爭優勢，因為營業秘密的保護不受發明專利 20 年期限的限制。再者取得營業秘密保護的成本也遠低於取得並維持專利權的費用。此外亦可小心分析你的發明是否與其他形式的智慧財產權有重疊保護的情形而予以「整合」。

◆專利權申請手續

你已經將基本準備工作都做好了，且在專利專家的協助之下，完成專利檢索及擬定完整的專利權申請書，並向智慧財產權局提出申請。請做好心理準備，困難的申請過程即將開始。

審查意見書

你即將透過審查意見書，與智慧財產權局的專利審查官進行對話。審查官一般都會質疑申請案中各種不同層面的問題，而申請人需要為自己的發明提出合理的抗辯，以支持申請案內容的「新穎性」與「發明性」，並且有可能要修改專利的範圍以符合官方的要求。這個程序通常會持續數年（一般是在 1 到 2 年之間）。不要絕望，這是個幾乎所有申請人都會遇到的困境。

申請專利的範圍

你將有機會稍微修改申請專利的範圍，或是與審查官進行討論。申請書中的專利範圍，如因企圖涵蓋較大的技術範疇而寫得太過廣泛

的話，與較節制的專利範圍相比，較容易引發審查官員的質問。為了使專利權申請通過審查，有時可試著在初次被官方詢問時即主動將申請專利範圍縮小。或者在官方質詢後，提出書面的抗辯說明，解釋為什麼你的申請專利範圍與其他先前已經存在的專利內容是不相同的。如何選擇最適當的答辯方式，應是專利代理人的專長。這些專家越是瞭解你發明的內涵，他們就越有充分的把握決定應該提出抗辯，或是主動縮減你的申請專利範圍。這樣與官方來回攻防會進行一陣子，不要失去信心，要冷靜，不屈不撓。在實務中，大多數的專利權申請案都會在申請程序過程中遇到困難。

訣竅

選擇一位最好的專家

選擇一位最好的專利專家，說服審查官員接受你申請書內容的特質優點，是個有效的加分做法，好專家的協助也將使你的申請過程變得更加平順。整體來說，智慧財產權局的審查官員都非常專業、友善且樂於助人，辦公室也是開放的。就像生命中所有的好事一樣，任何事都要從溝通做起。申請人要與審查官員配合，而不是與之對抗。

➡ 國際性的權利延伸

如果你有強烈意願想要將自己專利權益擴展到其他國家，就要知道各式的國際協定，如巴黎公約 (Paris Convention)，歐洲專利公約 (European Patent Convention)，專利合作公約 (Patent Cooperation Treaty, PCT（係全球性的）)。歐洲專利公約對意圖將專利權的保護延伸至不同歐洲國家而言，是一種具有成本效益的申請工具。

Ⓣ 由於臺灣尚未加入合作公約，所以還不能根據專利合作公約申請國際專利。

巴黎公約允許申請人在確定將自己的專利擴展到哪些國家前，有 1 年的等待期，此外若是提出單一國際性的或是專利合作公約的申請，申請人還得將決定時限向後再延 18 個月。多出了這些時間，申請人能在決定是否要投入高成本取得國際性專利之前，對自己的發明特色及商業價值做更完善的評估。

當你收到專利證書這個好日子時，不要忘了開香檳慶祝。在經歷過這麼辛苦的工作後，這個成果是值得的，但是不要忘記付年費喔！

> **費　用**
>
> 在專利權的有效期內，必須按時支付年費，不做的話，你的專利權將會夭折。

T 在臺灣，從你提出完整申請書那一天算起，發明專利權最長期為 20 年。除非是醫藥或農藥品專利等特殊情況（可延長 2 至 5 年），否則不得延長。

如何利用專利權創造利益？

任何發明家都會發現，要自行製造或是販賣一項新發明的產品，成本會非常的高，要利用發明賺取利益，最佳方式是搭上一個對該發明有興趣的大公司。你可以選擇談定一筆金額將發明賣出並將專利權轉讓與該公司，或是選擇以收取權利金的方式，將專利授權使用。請仔細衡量選擇自行製造販賣、出售專利權或授權使用的優缺點。

專利權侵害

　　在取得專利權前即出現競爭對手抄襲你的發明是常見的事。申請人可以判斷自己提出的申請專利範圍，是否已涵蓋了競爭對手正在進行的行為。如果還沒有包括的話，還有一點時間來修正專利範圍，並將對手正在試圖模仿抄襲的範圍納入之。

　　但在正式獲得專利權前，申請人無法控告他人侵權，並要求他們停止使用、製造或販賣那些宣稱是自己發明的事物。但若是你有充分理由相信自己的發明已遭抄襲時，智慧財產權局還是可依規則加速你的申請程序。在專利審查通過前，申請人亦可考慮先寄份警告函給競爭對手，要求停止抄襲行為。但是要非常小心地與專家合作擬稿，確定函中沒有違反法律所禁止的不當脅迫行為 (unfounded threats)。寄送警告函有助於雙方找出某種形式的和解。譬如在取得專利權的同時，那個造成問題的仿冒品可能已經從市場上消失了，或是對方已簽署一份授權合約。

　　申請人也可預先警告對手，說明一旦專利權被核准就會採取法律行動。待申請案公告取得權利後，可以寄份專利範圍給對方，讓對手知道他已惹上麻煩了。

　　如果是選擇等到取得專利權後再寄出警告函，或是侵權行為係在專利核准後發生，還是要先確認競爭對手的侵害內容確係包含在自己的專利範圍內。如雙方都願意採取某種程度的妥協，可討論以相當的權利金來進行和解。在此時我們要提醒你現實層面的考量，即專利訴訟費用是不可置信的昂貴，而且會拖延很久，同時訴訟也使得你分心，無法和你的員工專心工作。通常多數對手會反擊自保，其選擇的方式

就是去攻擊你的專利內容，期使該專利權變成無效。當然如有一位優秀專業律師提供協助，會排除上項困擾，但權衡得失，與對手進行和解不失為是個很好的選擇。

考慮相互授權的機會

　　有時對手不僅僅是侵犯了你的權利，更在市場上推出了一種改良的產品。這種狀況會使你陷入困境，因為很顯然消費者會選擇對手改良後的產品。不過若經過改良但產品中仍包含你專利內容，對手還是需要經授權才能生產販賣產品。但如果那個經過改良的產品被確認具發明性而取得專利權，你對這種改良就不得主張任何權利，此時相互授權 (cross licensing) 可能會在這種情況出現。相互授權是商場上一種互利的策略，世界大廠新力 Sony 與三星 Samsung 的合作，相互利用彼此間的研發成果，即是相互授權的成功例子。

訴訟的考量

　　當你寄出一封警告函給對手，對方通常會以上述幾種抗辯方式回應。然而在某些特殊狀況下，一些比較有企圖心的對手可能會以警告函的內容為基礎，提起一場對你不利的法律訴訟。你也許要問：「這種事怎麼可能會發生？是我的權利被侵犯了！」是真的，這種事真的會發生。

　　你的對手可以要求法院宣告你的專利權無效或是確認專利權範圍並沒有被侵犯。也因為這個原因，有些專利權人選擇不寄警告函，而逕行提出告訴。

　　請跟你的律師小心地討論這個策略，但是要記住，擁有專利權並不表示你不會成為被告。此外警告函的措詞必須謹慎，以免對方主張你的行為是專利侵權行為中的不當脅迫。

智慧財產權

智慧財產權整合

　　在商標權、著作權、新式樣專利權、營業秘密以及其他專利權各章中都已經提過要整合不同智慧財產權的概念，在本質上就是要採取整體性的觀點來看待你的智慧結晶。你可能擁有多種智慧財產權，而這些是可以被「捆」在一起，發揮更大的保護效果。新發明帶來的智慧財產權越多，要逮到侵權者侵害權利的機會就越大。在智慧財產權爭議案例中，不論是對侵權行為的訴訟展開全面性的戰爭，或是選擇較溫和的和解協議，權利人都需要持有強大且多樣化的武器來應付。

　　如果你選擇不尋求智慧財產權保護，你可能是做了一個錯誤的商業決策。假使你在開始時不採取一些必要的保護步驟，可能會永遠錯失以後再也不會出現的機會。例如你計畫要使用一個設計精緻的商標，但動作太慢不夠積極而被別人搶先申請登記了一個極為相似的商標，這種狀況會迫使你改變建立熱門品牌的企圖，或是為了取得這商標的使用權而付出大筆權利金。

　　藉由註冊及採取其他適當措施來保護新發明，會有較大的機會逮到侵權者，或是從一開始就嚇阻了侵權行為。如果不幸陷入一場智慧財產權戰爭中，你一定要掌握強而有力且多樣化的權利保護，無論是在侵權訴訟時的全面性戰爭或和解談判時的細膩談判技巧。

　　現在請回頭翻到第 45 頁沛納海 (Panerai) 手錶的範例，體會一件單一產品能如何取得不同領域及形式的智慧財產權，獲得完整的保護。我們先前就已說明過這例子，在此再用更完整的列表，讓你感受一下這種創意取得無限智慧財產權保護的可能性。

至少有 17 種智慧財產權，可用以保護這款手錶：

◎商標權用以保障沛納海的主商標

◎商標權用以保障 Luminor Marina 商品名稱

◎商標權用以保障手錶的立體產品設計

◎商標權用以保障錶上突起的旋鈕鎖之立體產品設計

◎新式樣專利權用以保障錶面的設計

◎新式樣專利權用以保障錶殼的設計

◎新式樣專利權用以保障錶的旋鈕鎖

◎新式樣專利權用以保障玻璃鑲嵌的側緣

◎新式樣專利權用以保障手錶的商品包裝

◎營業秘密用以保障手錶的機械組裝方式

◎營業秘密用以保障某些無法被還原工程還原破解的零組件生產方式

◎專利權用以保障嶄新手錶機械裝置以及改良過的特性

◎專利權用以保障手錶包裝盒的製造方式

◎著作權用以保障手錶的設計草圖

◎著作權用以保障彰顯手錶特徵的廣告

◎如果有任何名人為該手錶代言或是促銷，應先取得個人同意，保障肖像權

◎營業名稱用以保障 Officine Panerai 公司名稱

　　一個簡單的產品像手錶，連同它的包裝以及廣告活動，都能運用智慧財產權，以不同的方式加以保護。上述的商標權、新式樣專利權以及發明專利俯拾皆是；營業秘密以及專業知識亦扮演著重要的保護角色；著作權也用來保障包裝及廣告等藝術型態的表彰。在製造層次，營業秘密及專利權可以保護生產設備及生產過程，著作權則可保障監控庫存的特殊軟體程式。

　　參與商品創作、設計、製造以及物流配銷的公司或個人，都做了很大心血或資金的投資。你在便利商店的貨架上輕鬆地買了一條高露潔牙膏，或是由 iPod 下載最新的熱門歌曲，可以確定的是這些日常生活中簡單的動作都是因為有許多人貢獻的智慧結晶，因此產品和服務

才能輕易地送到你的手上，並使你能花錢買到最好的產品。這些提供優質服務的創意過程，會產生多種智慧財產，並賦與智慧財產權來保護這些付出勞力與腦力的創意人。

分析你的智慧財產權

　　沛納海手錶的例子，代表一個相當標準的狀況，即許多種智慧財產權可同時包含在單一創作中。記住在商標權、著作權、新式樣專利權、營業秘密及專利權各章中所提的要領，並再次很快檢視一次基礎入門篇的列表，看看新智慧結晶是否符合一種或多種的智慧財產權領域。一旦確定自己的創作符合條件，可參照本書各章節，並依循其說明取得權利的程序及方式，享有應得的權利。

 # 發揮智慧財產權專家的效益

　　智慧財產權專家能幫助你取得保護，但要先瞭解如何將他們的效益發揮到極致。請謹記在心，智慧財產權的法則是最具動態且不斷在改變的法律領域，但也像其他法律領域一樣，充滿了陷阱與漏洞。此外它也是一個專業分工非常精細的法律領域，包含各有專長的智慧財產權專家，如負責出庭的訴訟律師、精於研究法律議題的學者律師、長於諮詢的企業與商務律師，或處理申請註冊程序的商標代理人及專利代理人等。建議你依自己的情況所需，小心篩選最專精的專家。

◆出席法庭的智慧財產權律師

　　這是屬於能肩負重任的專家。他們可以打官司，並在法庭上代表你描述整個案情。他們也為你提供特定智慧財產權案件的專業意見。

➡研究法律議題的智慧財產權律師

他們屬於法律事務所的「十項全能」選手，可以在智慧財產權有爭議時提供建議，同時也幫助出庭律師準備一切訴訟所需的法律分析及資料。如係和解協商，他們可以針對特定案件背景草擬和解文件，並協助參與和解討論。此外他們也處理授權或是智慧財產權移轉等各種合約，或設計適合智慧財產權的架構。有些律師也可提供智慧財產權申請的協助，或幫助創意人建立所有權的有效證據。

➡諮詢性的企業與商務律師

企業與商務律師並不專精智慧財產權領域，或只是稍有涉獵而已。建議你要非常小心，不要請教在智慧財產權領域僅具有限經驗的商務律師，這正如請皮膚科醫師為你切除扁桃腺一樣危險。還是要向專家請教，適才適所才好。

➡商標代理人及專利代理人

這類專家可以幫你提出註冊申請，並處理智慧財產局發出的審查意見書或是核駁。申請前的檢索及商標或專利申請書的擬定都是他們所提供的服務。

有些智慧財產權服務公司，能幫你處理檢索。建議你採取「一次購足」的途徑，即不要先用一家公司提供檢索服務，然後再委託另一家處理申請及相關法律事務。合理的做法是針對案件的實際狀況，聘請對類似案件有實際處理經驗的專業律師或代理人，幫你處理所有相關的問題。

聲名狼藉的公司

　　現實世界總會有些名聲不好的公司，它們提供大雜燴一般的各式服務，但都未經合法的認證或具有合適的資格條件提供專業服務，就像是聘用其他不同行業專業協助一般，你必須再三確認所選擇的智慧財產權專家是夠格的。

訣竅

完整的估價

　　在承辦案件前，你可以要求智慧財產權專家提供一份估價表。申請費，尤其是專利權的費用，可能是非常昂貴的，因此要確定你拿到的是包括短期服務及長期服務的估價表。管理費（年費）(maintenance fees) 也可能不便宜。像商場上處理其他事情一樣，要預先設定預算，並與智慧財產權專家一起在不同的程序階段，妥善控制預算。

　　無論是個人或大公司，金錢成本或時間投資的評估，都是件重要的事，因此必須做好準備工作，將智慧財產權保護問題視為與其他生活工作事務相同的重要。

　　智慧財產權專家間也各有所長。有些專家只處理專利權相關的事，有些則只處理與商標有關的事務。如果你選定一家事務所但與所內多位專家合作共事，確定他們工作上彼此有良好的配合。這件事聽來容易，不過管理與協調專家們間的工作，並不像在公園散步一樣愜意，但卻是必須注意的事。

　　你可以設立法人機構，如有限公司或股份有限公司，或合夥組織，來持有智慧財產權或是企業的其他資產。藉由這種做法，你可以引進合夥人、個別投資人或是對你的智慧財產有財務投資意願的其他法人。當其他個人或法人表示對你的智慧財產權有興趣時，你必須開始考慮你個人繼續持有權利的利益是否優於公司利益。請與自己的律師商討最有利的選擇。

智慧財產局相處之道

專業的審查官一般而言都是態度謙虛、樂於助人且平易近人，你要善加維繫這種愉悅的工作關係。專利權與商標權的審查官員，會藉由審查意見書的書面文件與申請人溝通，關鍵在於要和官方建立互利的溝通管道，不要將他們當成敵人。如有問題，建議可試圖打電話給審查官，你會發現對方是十分專業且樂於助人。設法瞭解他們有什麼疑惑，並用積極且建設性的態度來處理。用簡單常識性的直接回答是受歡迎的。

審查官員的工作就是要瞭解、分析且審核你的申請，因此他們會提出與專利權或商標權申請書內強調的特點，或是與申請書中的用字遣詞相關的問題。這是正常工作模式，不要認為是針對你個人。禮貌、精確以及一般常識性合理的反應，永遠是最好的應對方法。審查是必須的過程，應以專業而有禮的溝通方式去跨過這門檻。

 國際申請

如果智慧財產的創作將不只在母國，也會在其他國家使用，你就應該考慮國際性的申請方案。你可能是從母國開始發跡，但是當你的腦力結晶變成風行一時的商品後，將商業利益擴張到其他國家是自然而正確的決定。在這些情境下，你應該要知道有很多的國際智慧財產權協定存在，藉此你可以以母國為出發點，將權利擴展到其他國家。

世界智慧財產權組織 (WIPO) 及一些其他團體已經就建立區域性及國際性的申請制度系統做了許多努力。進行國際申請時，要瞭解到

某些智慧財產權協定允許個人在母國已經取得的優先權日期，延伸在他國申請時保留使用，但前提是要在一個既定時期內完成他國申請。一些國際協定允許 6 個月的期限（如商標權與新式樣專利權），有些則要求 1 年內（如發明與新型專利）。就專利權而言，國際協定（如專利合作公約 PCT）甚至可以延長到 2 年半。

 使用國際性申請系統，不但可以降低成本，也可能享有較為快速的申請程序的優點。

舉例說明，假設你想要將自己的產品銷售到歐洲某些國家，你可以選擇向歐盟位於西班牙阿利坎特 (Alicante) 的商標局提出一份涵括整個歐盟國家的商標申請書，而不需要分別向各該國家提出申請。要將你的商品或服務拓展到歐洲以外的國家，亦可利用相當有效率的方式為之。如想將專利權擴展到美國、日本、中國或是有商業考量的其他國家，可利用國際專利合作公約有效率的達成這個目的，這些國際性的系統通常都提供「一次購足服務」(one-stop shop)。

經過多年的國際討論後，已經有許多國家簽署了這些國際性的智慧財產權協定，成為其會員國。在實務上個人可以利用這些制度及系統將自己智慧財產權的申請或註冊同時延伸到許多國家。相關的協定有擁有 167 個會員國的巴黎公約、78 個會員國的馬德里議定書與馬德里協定、65 個會員國的海牙公約 (Hague Convention)，以及 132 個會員國的國際專利合作公約。

基於國際政治現實狀況，臺灣不是上述國際協定的會員國，僅能透過世界貿易組織 (WTO) 的架構，享受部分國際協定的優惠，如巴黎公約的優先權主張。

大家心知肚明，錢要花在刀口上，因此請與智慧財產權專家討論國際申請的優缺點。

稅賦與智慧財產權

　　智慧財產權已經成為最有價值的資產之一，各國的稅務人員也都已察覺到這個事實。因此如果你的智慧財產事業蒸蒸日上，有些重點是應該要慎重考慮的。無論是銷售自己的智慧創作、購買他人的創作，或是將自己的智慧財產權授權給他人使用，周全的稅務規劃是必要的，智慧財產權律師可以介紹稅務專家幫助你處理這些事項。如果你的事業在國際間開始起飛，或一開始你就決定要將事業全球化，建議你要取得具租稅效益的智慧財產權整合專業意見。

警告與標示

　　智慧財產權人經常使用警告標示來提醒他人，這樣做最顯著的法律效益是警示人們注意權利人的權益。當有人侵害到權利時，這種警告能幫助你進行損害賠償請求。除了法律效果的考量外，警告標示也非常實用，能對侵權者在進行侵害時，造成心理上的告誡效果。這些警語也會幫助內心清白而誠信的人，因為他們原本未察覺到你的產品已經取得智慧財產權。

　　當商標很明顯的使用在包裝、廣告或是市場行銷資料中時，都會加上這些警語。使用你的商業專屬圖樣 (logo) 標識時，也要記得加註。

　　一項產品包含多種不同的智慧財產權是很常見的。在這種情況下，慣例是用一段清楚的文字說明各種內含的智慧財產權，並將之標示在包裝盒背面、附在產品本身或是註明在標籤上。

警告與標示

以下是國際間用在與產品有關的包裝、標籤或文件上的標示：

商標權　◎品牌™（用於商標取得註冊前）

　　　　◎品牌®（用於商標取得註冊後）

著作權　◎ © 2009, John Smith, All Rights Reserved（著作權所有）

專利權　◎ Patent Pending（專利申請中，用於專利申請審查中）

　　　　◎ Patented（已取得專利）or Patent Registered（專利權已註冊）or

　　　　Registered（已取得註冊，用於專利權取得註冊後）

隨時更新警告標示

　　智慧財產權現狀有改變時，記得要去更新警告標示。如取得專利權號碼，就要立刻著手更換產品標籤及其標示，顯示新的專利權號碼。如花了很多時間取得商標註冊，卻在多年後仍未在產品包裝上顯示商標權用的警語，是一件很挫折遺憾的事。

 # 智慧財產權爭議與訴訟

　　取得智慧財產權的專用註冊越來越普遍，因為人們已經察覺到智慧財產權的重要性。但也因此產生許多的爭議與訴訟案件。有這麼一天，你可能會警覺自己不單是在寄警告函，也會收到這類信件，這種情形是落實智慧財產權一個很重要的發展過程。有些時候這些警告函會讓人感到痛苦，或至少會感到生氣。但如果你告訴自己，事情不會永遠那麼順利，就會比較心平氣和了。無論是何種反應，智慧財產權專家應可協助你渡過這些險灘，一切都會很快過去的。

　　智慧財產權被竊取是件很令人感傷的事。那種感覺不僅止於財產權被侵犯，也帶有些許個人的屈辱感，通常當下的反應是考慮進行法

律訴訟。引用一位擁有 40 年法律工作經驗莫斯特法官（Judge Mostert，係本書作者 Frederick Mostert 的父親）的忠告：「若當事人想要找人拼命時，和解 (settlement) 聽起來像是沒有骨氣的建議。然而必須永遠、永遠都先嘗試和解之途。只有在努力試圖庭外和解卻不幸失敗後，才能脫下手套，開始奮戰。（意指準備要打官司了！）」小心選擇智慧財產權律師，然後就祝你一切順利囉。

在想採取激烈的以牙還牙手段前，先試著如虔誠教徒似的將左臉也轉給攻擊者。庭外和解可以省去很多會讓你心痛的事，比如說可以省下大筆的律師費用及更有效率地利用自己寶貴的時間。善加利用這些寶貴的金錢與時間，可以更專心經營企業或開發新產品等以產生更多經濟價值的機會。在有些國家，如英國，敗訴的一方必須支付所有費用。換言之，訴訟案的輸家，不但要負擔自己的訴訟費用，也要支付贏方的費用，遭受到雙重打擊。如果最後還是無法避免訴訟，至少可讓法官知道你曾經為和解努力過，或許會爭取到一些獎勵分數。調停 (Mediation) 也是一種快速而有效解決爭議的方法。調停者擔任中立的裁判（通常是智慧財產權專家），同時代表雙方溝通的客觀中間人角色，用迅速且較不昂貴的專業方式解決雙方的爭議。仲裁 (Arbitration) 則是另一種可以達到相同效果的調解方式，與調停相比，是較為正式的調解程序。

當然對方對你合理且具善意的和解建議可能完全沒有興趣，甚至一般人所具有「與人為善」的常識，都完全不在他們參考架構中。在這種情況下，老莫斯特法官第二段忠告就派上用場了：「脫下手套，開始奮戰。」要盡所有力量，組成最好的法律團隊。

自行克制

　　大部分的爭議案件都是因為商業或是法律原因而發生。然而在進行訴訟時，整個過程不可避免地會變得相當情緒化。雙方都會在自己的立場上築起堅強的壁壘，對立的情緒也會隨之升高，這時就走向無法回頭的地步了。要試著克制自己並平靜地思考，評估即使在此階段設法尋求和解會不會是較為可行而合理的選擇。

最後的思考

　　聽過佚名者的名言吧？「抄襲容易，創新很困難。」這是為什麼具有開創性的智慧結晶有如此高的價值，並且總是被抄襲的原因。

　　多年來已制定許多法律，保護創意人的發明、設計與藝術作品，也用來保護業者的商標權與營業秘密。法律隨時與你同在，我們的社會與文化亦然，可放心讓你的創造力更加狂野發揮，但記得要隨時隨地確實保護自己的智慧結晶。

附　錄

　　本附錄只提供參考，不能用來取代專業的法律諮詢或協助。
這些參考樣本（係本書英文原版附錄範本的中譯文）並不適用於
所有的情況，經專家指導以及適度的修正是必要的。在簽訂任何
文件前，請務必諮商專業律師。本書的出版商、作者及編譯者皆
不負因直接採用所附的樣本而導致損失的責任。

附錄一　商品及服務分類表

　　以下提供不同種類的商品與服務隸屬之商標登記分類表。商品屬第 1 到 34 類，服務則是第 35 到 45 類。

T 臺灣智慧財產局提供極佳的檢索工具，能幫助你在以下網頁選出特定的類別：www.tipo.gov.tw/trademark/trademark_bulletin/trademark_bulletin.asp。

◆商　品

第 1 類　用於工業、科學、攝影、農業、園藝、林業之化學品；未加工之人造樹脂，未加工之塑膠；肥料；滅火製劑；淬火和金屬焊接用製劑；保存食品用化學物品；鞣劑；工業用黏著劑。

第 2 類　油漆（顏料）、亮光漆、天然漆；防銹劑和木材防腐劑；著色劑；媒染劑；未加工之天然樹脂；塗漆用、裝潢用、印刷用及藝術用金屬箔與金屬粉。

第 3 類　洗衣用漂白劑及其他洗衣用物品；清潔、亮光、洗擦（去污）及研磨用製劑；肥皂；香水（香料）、香精油；化粧品；美髮水；潔齒劑。

第 4 類　工業用油及油脂；潤滑劑（油）；吸收、濕潤、凝聚灰塵用品；燃料（包括馬達用）及照明用油；照明用蠟燭、燈蕊。

第 5 類　藥用及獸醫用製劑；醫用衛生製劑；醫用營養品，嬰兒食品；膏藥、敷藥用材料；填牙材料、牙蠟；消毒劑；殺蟲劑；殺菌劑、除草劑。

第 6 類　普通金屬及其合金；金屬建築材料；可移動金屬建築物；
　　　　鐵軌用金屬材料；非電器用纜索和金屬線；鐵器、小五金
　　　　器材；金屬管；保險箱；不屬別類之普通金屬製品；礦沙。

第 7 類　機器及工具機；馬達及引擎（陸上車輛用除外）；機器用聯
　　　　結器及傳動零件（陸上車輛用除外）；農具；孵卵器。

第 8 類　手工用具及器具（手操作的）；剪刀及刀叉匙餐具；佩刀；
　　　　剃刀。

第 9 類　科學、航海、測量、攝影、電影、光學、計重、計量、信
　　　　號、檢查（監督）、救生和教學用具及儀器；聲音或影像記
　　　　錄、傳送或複製（再生）用器具；電力傳導、開關、轉換、
　　　　蓄積、調節或控制用儀器及器具；磁性資料載體、記錄磁
　　　　碟；自動販賣機及貨幣操作（管理）器具之機械裝置；現
　　　　金出納機、計算機及資料處理設備；滅火器械。

第 10 類　外科、內科、牙科和獸醫用器具及儀器，義肢、義眼、假
　　　　牙；整形用品；傷口縫合材料。

第 11 類　照明、加熱、產生蒸氣、烹飪、冷凍、乾燥、通風、給水
　　　　及衛生設備裝置。

第 12 類　車輛（交通工具）；陸運、空運或水運用器具。

第 13 類　火器；火藥及發射體；爆炸物；煙火。

第 14 類　貴金屬及其合金以及不屬別類之貴重金屬製品或鍍有貴重
　　　　金屬之物品；珠寶、寶石；鐘錶及計時儀器。

第 15 類　樂器。

第 16 類　不屬別類之紙、紙板及其製品；印刷品；裝訂材料；照片；
　　　　文具；文具或家庭用黏著劑；美術用品；畫筆；打字機及
　　　　辦公用品（家具除外）；教導及教學用品（儀器除外）；包

裝用塑膠品（不屬別類者）；印刷用鉛字；凸版印刷用塊狀印版。

第 17 類　不屬別類之橡膠、古塔波膠（馬來樹膠）、樹膠、石棉、雲母以及該等材料之製品；生產時使用之射出成型塑膠；包裝、填塞和絕緣材料；非金屬軟管。

第 18 類　皮革與人造皮革（仿皮革）以及不屬別類之皮革及人造皮製品；獸皮；皮箱及旅行箱；傘、陽傘及手杖；鞭及馬具。

第 19 類　建築材料（非金屬）；建築用非金屬硬管；柏油、瀝青；可移動之非金屬建築物；非金屬紀念碑。

第 20 類　家具、鏡子、畫框；不屬別類之木、軟木、蘆葦、藤、柳條、角、骨、象牙、鯨骨、貝殼、琥珀、珍珠母、海泡石製品，以及該等材料之代用品或塑膠製品。

第 21 類　家庭或廚房用具及容器（非貴金屬所製，也非鍍有貴金屬者）；梳子及海綿；刷子（畫筆除外）、製刷材料；清潔用具；鋼絲絨；未加工或半加工玻璃（建築用玻璃除外）；不屬別類之玻璃器皿，瓷器及陶器。

第 22 類　纜、繩、網、帳篷、遮篷、防水布、帆、袋（不屬別類者）；襯墊及填塞材料（橡膠或塑膠除外）；紡織用纖維原料。

第 23 類　紡織用紗、線。

第 24 類　不屬別類之布料及紡織品；床單和桌布。

第 25 類　衣服、靴鞋、帽子。

第 26 類　花邊及刺繡、飾帶及縌帶（髮辮）；鈕扣、鉤扣、扣針及縫針；人造花。

第 27 類　地毯、草墊、蓆類、油氈及其他鋪地板用品；非紡織品牆帷。

第 28 類 遊戲器具及玩具；不屬別類之體育及運動器具；聖誕樹裝飾品。

第 29 類 肉、魚、家禽及野味；肉精；醃漬，乾製及烹調之水果和蔬菜；果凍，果醬；蜜餞；蛋、乳及乳製品；食用油脂。

第 30 類 咖啡、茶、可可、糖、米、樹薯粉、西谷米、代用咖啡；麵粉及穀類調製品、麵包、糕餅及糖果、冰品；蜂蜜、糖漿；酵母、發酵粉；鹽、芥末；醋、調味品；調味用香料，冰。

第 31 類 農業、園藝及林業產品及不屬別類之穀物；活的動物（活禽獸及水產）；鮮果及蔬菜；種子、天然植物及花卉；動物飼料，麥芽。

第 32 類 啤酒；礦泉水及汽水以及其他不含酒精之飲料；水果飲料及果汁；糖漿及其他製飲料用之製劑。

第 33 類 含酒精飲料（啤酒除外）。

第 34 類 煙草；煙具；火柴。

◆服　務

第 35 類 廣告；企業管理；企業經營；事務處理。

第 36 類 保險；財務；金融；不動產業務。

第 37 類 營建；修繕；安裝服務。

第 38 類 通訊。

第 39 類 運輸；商品綑紮及倉儲；旅行安排。

第 40 類 材料處理。

第 41 類 教育；訓練；娛樂；運動及文化活動。

第 42 類 科學及技術性服務與研究及其相關之設計；工業分析及研究服務；電腦硬體、軟體之設計及開發；法律服務。

第 43 類　提供食物及飲料之服務；臨時住宿。

第 44 類　**醫療**服務；獸醫服務；為人類或動物之衛生及美容服務；
農業、園藝及林業服務。

第 45 類　為配合個人需求由他人所提供之私人或社會服務；為保護
財產或個人所提供之安全服務。

附錄二　商標併存協議範例

　　本合約成立於 20＿＿＿＿年＿＿＿＿月＿＿＿＿日，訂約雙方為甲方＿＿＿＿（填入個人姓名與國籍，或是公司名稱及註冊地），登記公司地址為＿＿＿＿（填入公司地址）（以下簡稱甲方），以及乙方＿＿＿＿（填入個人姓名與國籍，或是公司名稱及註冊地），登記公司地址為＿＿＿＿（填入公司地址）（以下簡稱乙方）。

　　緣甲方已於世界多個國家善意地採取並使用此商標＿＿＿＿（填入商標），主要使用於＿＿＿＿（填入商品或服務之敘述）；且

　　緣乙方已於世界多個國家善意地採取並使用此商標＿＿＿＿（填入商標），主要使用於＿＿＿＿（填入商品或服務之敘述）；且

　　緣甲方對於乙方已＿＿＿＿（填入國家別）登記註冊之＿＿＿＿（填入商標）提出異議；且

　　緣乙方對於甲方已於＿＿＿＿（填入國家別）登記註冊之＿＿＿＿（填入商標）提出異議；且

　　緣甲乙雙方均欲繼續發展並追求各自企業之榮景，並避免各自商標之混淆；

　　為達此目的，互相基於善意之考量，雙方已接受並充分認知，茲同意下列條文：

1.乙方將不再對甲方於＿＿＿＿（填入國家）關於＿＿＿＿（填入特定的商品／服務）使用此商標＿＿＿＿（填入甲方商標）提出異議；

2.甲方將不再對乙方於＿＿＿＿（填入國家）關於＿＿＿＿（填入特定的商品／服務）使用此商標＿＿＿＿（填入甲方商標）提出異議；

3.甲方將於此合約成立 14 天內，撤回任何對乙方商標申請的異議；

4.乙方將於此合約成立 14 天內，撤回任何對甲方商標申請的異議；

5.甲乙雙方同意，協助彼此各自在本約第 1 條及第 2 條所列的商品，於世界上任何國家取得商標註冊，並於必要時提供對方同意書；

6.本約之約束力及其衍生之利益，適用於立約雙方、其附屬分支機構、繼承人以及權利受讓人。所謂附屬分支機構係指任何股份有限公司、合夥公司、被授權人或擁有立約之一方且有管控權者，或由立約一方擁有且管控權的公司；

7.本約依_____法律之保障及解釋，與本約有關之任何爭議，雙方均應向專屬管轄之_____提出告訴；

8.本約並不代表任何一方成為他方之代理商，或使雙方成為合夥公司、合資企業或其他類似關係；

9.本約自上文約定之日起生效，且無限期有效。

甲方代表簽署人

姓名：

職稱：

日期：

乙方代表簽署人

姓名：

職稱：

日期：

附錄三　品管監督員之委任書範例

> 　　如您所知，上述商標業經_____（填入商標擁有人之姓名）之名義取得註冊，並已授權予_____（填入被授權人之姓名），得將該商標用於商品、服務或相關活動之行銷行為。
>
> 　　您已經肩負起關於該商品、服務、行銷以及／或相關活動品質管理之責，應負責確保上述各專責事項符合我方設定的標準，我方並將隨時更新此項標準。請取得與商品、服務、行銷以及／或相關活動使用該商標之一切樣本，並確實執行此等監督及檢驗責任，以確保符合既定標準之要求。若發現任何未遵循此等標準之情事，應立即向我方提出報告。
>
> 　　　　　　　　　委任人：
>
> 　　　　　　　　　同意人：

附錄四　發明家的聲明範例

為證實著作權作品之創作日期

茲聲明如下

　　本人，_____（填入姓名）居於_____（填入地址）

謹嚴正且真實聲明如下：

1. 本人為_____（一名設計師／其他適於描述您工作職稱之敘述），為_____（請填入國籍）之公民，居住於_____（填入您的地址）。

2. 於_____（日期），本人創作一系列的_____（填入商品／作品之敘述）設計與草圖，這些草圖業經複製，並作如下標記_____（請使用您的姓名縮寫並列出每幅草圖之序號，如 ML1, ML2）（以下簡稱「草圖」）。

3. 本人謹確認這些草圖均為本人之原始作品,而非其他作品之複製品。

4. 本人進一步確認草圖上所顯示之簽名與日期標示_____（請填入您的姓名縮寫及您編給每幅草圖之序號，如 ML1），均由本人親自選擇為之。

　　本人於此謹識，此嚴正聲明之內容，確實而無虛假之情狀。

立聲明書人_____（填入您的姓名）

於_____（填入您立此聲明之地點，請注意，您的聲明須在公證人／有權行使公證職務之地方司法行政長官／律師等人陪同下進行，請確定您已經將個別草圖之實體頁，附於各附表的封面頁上）

謹識於 20_____ 年，_____ 月，_____ 日

為核實特定設計之創作日期

茲聲明如下

此為_____（填入您的姓名）所為之法定聲明內，標示有_____

（填入您選擇分配給各文件之序號編列）之列表附件。

謹識於 20_____ 年，_____ 月，_____ 日

在本人見證之下

有權行使公證職務之地方司法行政長官／律師／公證人

（簽字）

附錄五　著作權轉移合約範例

　　本約定於 20＿＿＿＿＿ 年＿＿＿＿＿ 月＿＿＿＿＿ 日，訂約雙方為＿＿＿＿＿（填入讓與著作權之人名、國籍、出生年分或公司）（以下簡稱讓與人），以及＿＿＿＿＿（填入受讓著作權之人名／公司名稱）（以下簡稱受讓人）。

　　本約定確認雙方相互間之瞭解，即讓與人對其所準備附件 "A"（以下簡稱「作品」）中所有資料擁有著作權（請確認所有相關著作權之作品及其份數，於附件中完整的描述），並將此所有權轉讓予受讓人。

　　作為對此等協助之相當報酬，以及受讓人支付給讓與人相當價值之對價的補償，讓與人特此宣告讓與受讓人在全世界該著作權各種相關權利，及由作品中含有之著作權衍生而來的其他權利等，依該著作權之原始期間、其更新與展延，連同對先前以及未來發生之著作權侵權行為之告訴權，以及因對作品著作權之侵權行為所為之損害賠償請求權，連同使用與改作之權利等。此後，該等權利完全由受讓人自由裁決處理。

　　讓與人須簽署所有相關文件，並協助或與受讓人合作，採取任何有助於實現此等權利轉移合理及必要之行為，並轉移及維持相關作品之持續性保護。

謹識於 20＿＿＿＿＿ 年，＿＿＿＿＿ 月，＿＿＿＿＿ 日

讓與人姓名：

受讓人姓名：

附錄六　保密協議範例

致_____（填入收到保密資料的人名／公司名稱）（「受文者」）

　　茲因_____（填入揭露此保密資料的人名／公司名稱）（「創作人」）揭露有關於此專案之特定資訊（「機密資訊」），受文者同意下列約定：

1. 將此機密資料用於對_____（填入專案之名稱或敘述）專案提供評論或建議之目的；

2. 將此機密資料保密，直到該機密資料非因受文者、其代理人或其員工之作為或違約行為，而成為眾所周知的公共財；

3. 除非已於事前取得創作人之書面同意，不得將此機密資訊直接或間接透露給任何人，亦不得與受文者的其他員工或代理人，就此機密資訊進行討論；

4. 將機密資訊及受文者依該機密資訊所衍生的其他資訊，與受文者本身所擁有的文件及其他資訊分別存放，並由受文者於日常辦公處所中作有效之控管；

5. 在未取得創作人書面同意前，不得將機密資訊加以複製、註解或記錄。受文者經創作人同意後對該機密資訊所為之任何複本、註解、記錄等，均須清楚註明「極機密」字樣。

6. 當創作人提出請求時，受文者應立即將機密資訊及其複本、註解及記錄歸還，並於任何存有該機密資訊的電腦、文字處理器或其他裝置中，刪去所有相關資訊；

7. 本約定中之各項限制，並不適用於受文者透過其他管道方式而得

知的機密資訊、非因受文者違反本約定而使該機密資訊被歸屬於公共財、由受文者自力發展而得，或受法律之強制要求而必須揭露等情況。但揭露訊息前，必須通知創作人；

8. 雙方均知悉並同意，因為該機密資訊之獨特性，若受文者不能遵循本約定之各項義務，創作人將遭受無可彌補之傷害，且金錢損失亦無法充分補償創作人因此等違約行為所受之損害。因此，受文者同意創作人擁有尋求立即的保全救濟措施之權利，要求受文者落實本約定中所定之各項義務。

立約人：（填入受文者姓名）

代表人：

日期：

（附件）

Picture Credits

*The publisher would like to thank the following for their kind permission to reproduce their photographs: (Key: **a**-above; **b**-below/bottom; **c**-centre; **l**-left; **r**-right; **t**-top)*

P. 2   Masterfile: Gary Rhijnsburger.

P. 4   courtesy the Michelin Tyre Public Limited Company (**cl**).

Science Photo Library: Eye of Science (**cr**).

courtesy the Shaolin Temple (**r**).

© 1998 Shell Oil Company. All rights reserved (**l**).

P. 5   courtesy of Apple. Apple and the Apple logo are trademarks of Apple Computer Inc., registered in the US and other countries (**l**).

Corbis: Jutta Klee (**cl**).

Science & Society Picture Library (**cr**).

Underground map reproduced with kind permission of Transport for London. Based on the original artwork by Harry Beck, 1933 (**r**).

P. 10   akg-images: Erich Lessing (**l**).

courtesy Chloe International (**c**).

P. 11   courtesy Dyson Ltd (**c**).

courtesy Penguin Books Ltd (**r**).

P. 12   Masterfile: Douglas E. Walker.

P. 14   Getty Images: Taxi/ Geoff Brightling.

P. 16   Masterfile: Paul Eekhoff.

P. 17   Getty Images: Stone/ Lori Adamski Peek.

P. 18–19　　Corbis: Daniel Aubry NYC.

P. 20　　Corbis: James Noble

P. 21　　Getty Images: Hans Pfletschinger.

P. 22　　courtesy of Apple. Apple and the Apple logo are trademarks of Apple Computer Inc., registered in the US and other countries.

P. 23　　reproduced courtesy Eastman Kodak Company, trademark and copyright owner (*t*).

courtesy the Shaolin Temple (*c*)

courtesy Penguin Books Ltd (*b*).

P. 24　　© 1998 Shell Oil Company. All rights reserved.

P. 25　　courtesy H. J. Heinz Company Limited (*t*).

courtesy the Michelin Tyre Public Limited Company (*b*).

P. 26　　Undergroung map reproduced with kind permission of Transport for London. Based on the original artwork by Harry Beck, 1933.

P. 27　　akg-images (*br*)

Erich Lessing (*l*).

P. 28　　Corbis: Jutta Klee.

P. 29　　Bridgeman Art Library: Cameo Corner, London, UK (*t*).

Getty Images: Michael Buckner (*b*).

P. 30–31　　DK Images: Matthew Ward (*b*).

P. 31　　Corbis: Visuals Unlimited (*t*).

courtesy Chloe International (*r*).

P. 32　　courtesy of Apple. Apple and the Apple logo are trademarks of Apple Computer Inc., registered in the US and other countries.

P. 33   courtesy The Jean-Paul Gaultier Company (*r*).

Juicy Salif, Alessi 1990–1991, courtesy Starcknetwork (*l*).

P. 34   Science Photo Library: Christian Darkin.

P. 35   courtesy of the Coca-Cola Company.

P. 36   DK Images: Tony Souter.

P. 37   courtesy H. J. Heinz Company Limited (*r*).

© KFC Corporation. All rights resvered (*l*).

P. 39   Getty Images: David Livingston (*tr*).

Science & Society Picture Library (*l*).

Science Photo Library: Eye of Science (*b*).

P. 40   SuperStock: Huge Burden.

P. 41   DK Images: Dave King (*tr*).

courtesy Dyson Ltd (*b*).

Science Photo Library: Gusto (*tl*).

P. 44–45   © 2006 Officine Panerai.

P. 46–47   The Advertising Archives: courtesy of the Coca-Cola Company.

P. 48   Photolibrary: Phototake Inc/ David Bishop.

P. 50   Photolibrary: Workbook, Inc/ Bernstein Photography Dattyl.

P. 51   Photolibrary: Workbook, Inc/ Marc Simon.

P. 53   SuperStock: Brand X.

P. 89   Getty Images: Photographer's Choice/ Bix Burkhart.

P. 113   DK Images: Dave King.

P. 127   Getty Images: Taxi/ BP.

P. 135   Getty Images: Taxi/ Phil Cawley.

P. 159   Ace Photo Agency: John Matchett.

P. 173   Corbis: David Aubrey.

All other images © Dorling Kindersley. For further information see:

www.dkimages.com

理律法律叢書

案例憲法 I、II、III

李念祖／編著

案例憲法，是憲法教科書的另一種型態嘗試。如何實踐憲法所欲提供的人權保障，則是統一貫串本書的中心思想。法律是實用之學，憲法亦不能例外。與其他法律學門相比，憲法學更殷切地需要尋找落實人權保障抽象規範的有效方法，憲法解釋則是驗證憲法實用價值的最佳紀錄與佐證。將一個一個詮釋憲法精義的案件，累積集合起來的憲法圖像，就是真正具有生命力的憲法。本書透過憲法案例，拼集出司法殿堂中由真人真事交織而成的憲法圖像，對於憲法的生命力做有系統的巡禮，也檢驗出「人」對憲法的需要，以及憲法對「人」的價值。

理律聲請釋憲全覽——人權篇（一）

理律法律事務所／著

　　在現行憲法解釋的實務上，大法官向來較為偏重抽象法律概念的解釋；然而在每一號解釋的背後，都有著活生生的「人」在訴求或主張他們對人性尊嚴的根本需要，以及對其個人權利能夠真正受到公權力尊重的深切期待。現今坊間雖不乏可供查閱大法官解釋內容的管道，但對於有心關注解釋案件起因、過程及後續發展的人來說，往往仍有難窺全貌之憾；本書將理律法律事務所過去承辦人權案件的相關資料加以整理、彙編，並提供簡要的評述，即是希望能更完整地呈現這些人權解釋背後的「人」之面貌，並對未來各界更深入的個案研究有所助益。

超國界法律論集
——陳長文教授六秩華誕祝壽論文集

陳長文教授六秩華誕祝壽論文集編輯委員會／著

　　本論文集係由陳長文教授之門生所號召，為祝賀陳教授六秩華誕而出版。陳教授自哈佛大學學成歸國三十餘年，教育菁英無數。其所倡導之「超國界法律」不但讓學子們耳目一新，更開拓了寬廣的視野。所謂超國界法律，本係由美國國際法知名學者Philip Jessup所創。其主要特質，在於打破傳統法學對於公法與私法之區分，而認為許多跨國案件，其所涉及或適用的法律，很多時候包含了國際法與國內法。因此，在具體個案，法院須時常考量條約或協定的規定及其與相關國內法的關係。陳教授認為，法律人必須具備超國界法律的思維，才不致於故步自封。今祝壽論文集以此命名，目的係再次宣揚超國界法律思維對法律人的重要性。本論文集內容除包括七位社會知名人士對陳教授的觀察外，尚收錄論文十四篇，涉及的議題涵蓋政治、經貿、人權、環保及公共衛生等，學術價值甚高。